FrauenGottesDienste

FRAUEN GOTTES DIENSTE

Modelle
und
Materialien

Thema
Erwartung und Ankunft:
Advent

Herausgegeben von
Anneliese Knippenkötter/
Christel Voß-Goldstein

Klens Verlag/Schwabenverlag

Die Deutsche Bibliothek – CIP-Einheitsaufnahme
Frauengottesdienste : Modelle und Materialien / hrsg. von
Anneliese Knippenkötter/Christel Voß-Goldstein. – Düsseldorf :
Klens-Verl. ; Ostfildern : Schwabenverl.
Bd. 3. Thema Erwartung und Ankunft : Advent. – 1997
ISBN 3-87309-143-7 (Klens-Verl.)
ISBN 3-7966-0894-9 (Schwabenverl.)

2. Auflage 1997
Alle Rechte vorbehalten
© 1997 Schwabenverlag AG, Ostfildern, und KlensVerlag, Düsseldorf

Umschlaggestaltung: Claudia Seeger, Reutlingen
Layout: Wolfgang Sailer, Schwabenverlag
Satz: Schwabenverlag AG, Ostfildern
Druck: J. F. Steinkopf, Stuttgart
Printed in Germany

ISBN 3-7966-0894-9 (Schwabenverlag)
ISBN 3-87309-143-7 (KlensVerlag)

Inhalt

Vorwort   7

Thema: Erwartung und Ankunft – Advent

HINFÜHRUNG   11

GOTTESDIENSTE

Mache dich auf und werde Licht – Frauenliturgie im Advent   13

Begegnung im Advent – Wortgottesfeier   18

Geht in die Nacht und sucht einen Stern – Abendgottesdienst   25

Das Licht, das nicht verlöschen darf – Gottesdienst
mit Licht-Meditation   29

Die Botschaft heißt: »Fürchte dich nicht!« – Wortgottesfeier   33

Nun wollen wir ein Licht anzünden – Abendlob   39

MATERIALIEN UND ANREGUNGEN

Text: Lateinamerikanisches Weihnachtslied   47

Bild und Text: Ihr Gott sei von gestern   48

Lied mit einfacher Schrittfolge oder Kreistanz:
Mache dich auf und werde Licht   49

Gedicht: Advent   51

Text: Begebenheit   53

Text: Sollte es das Christkind gewesen sein?   54

Text: Dezembernacht   55

Text: Der taube Hirte   56

Text: Aus Brasilien	57
Text: Die kleine Tür in Betlehem	58

Werkstatt Gottesdienst

Sprechmotette: Weihnachten	60
Eucharistiefeier: Wir haben einen Stern gesehen	63
Anspiel: Sich versöhnen – zu Schwestern werden	67

Lieder

Man sagt, der Ort heißt Betlehem	70
Geht in die Nacht	71
Menschen warten auf den Herrn	72
Wechselnde Pfade	72
Der Weg nach Bethlehem	73
Hör' unser Rufen	73
Stern über Bethlehem	74

Stichwort Liturgie

Rorate-Gottesdienste – Hintergründe einer liturgischen Tradition und Chancen für heutige Gestaltungsformen – *Albert Gerhards*	76

Kurz vorgestellt

Das Silja Walter Weihnachtsbuch	84
VERWENDETE SCHRIFTSTELLEN	85

Vorwort

Es gibt wohl kaum eine Jahreszeit, die so intensiv und vielgestaltig in den Gemeinden gelebt wird, wie die Zeit vor Weihnachten: Advent.
Da ist zum einen die Geschäftigkeit, um die adventliche Feierstunde möglichst sinnvoll zu gestalten, und damit verbunden ist dann oft die Frage: Wo finden wir Anregungen beispielsweise für den Tischschmuck, die Raumgestaltung – und nicht zuletzt für die inhaltliche Ausrichtung, die das Fest, Weihnachten, nicht schon vorwegnimmt, sondern zum Festgeheimnis hinführt. Bei aller Geschäftigkeit ist aber zunehmend eine wachsende Nachdenklichkeit erkennbar, die nach gottesdienstlichen Gestaltungsformen mit Frauengruppen sucht und für Vorschläge dankbar ist.

Immer häufiger werden Fragen gestellt nach dem eigentlichen Inhalt des Weihnachtsfestes, nach dem Weg, der zum Fest führt.

Die Geburt eines Kindes, unterwegs, irgendwo abseits des Weltgeschehens, in großer Armut. – Wieso kann das ein Grund zum Feiern sein? Warum eine Gedächtnisfeier heute noch, an der Wende zum dritten Jahrtausend? So und anders werden die kritischen Fragen gestellt, die beantwortet werden müssen.

Da wurde ein Kind geboren. Dieses Kind kam, von Gott gesandt, als Gottes Sohn, um die Menschen zu erlösen. Das Licht der Welt, der Stern von Betlehem – das Heil für die Menschen. Damals und heute.

Von dieser Wirklichkeit soll in den Gottesdiensten etwas aufleuchten, soll uns durch Texte, Symbole und Bilder der Zugang zum Sinn des Erlösungsgeheimnisses für unser konkretes Leben erschlossen werden.

Das Wissen darum und die Nachfrage von Vorsitzenden und Gruppenleiterinnen, nachdem der erste Band FrauenGottesDienste erschienen war, haben uns ermutigt, Anregungen zu entwickeln und

Gottesdienstmodelle von Frauengruppen aufzunehmen, die Erwartung und Ankunft in einen Zusammenhang bringen, der schließlich Advent im kirchlichen Jahresfestkreis meint und den Advent unseres Lebens einbezieht.

In diesem Band wurde weitgehend auf Vorschläge zur Gottesdienstgestaltung verzichtet, die außerhalb dieses Festkreises liegen. So ist eine größere Auswahlmöglichkeit entstanden, um den unterschiedlichen Erwartungen von Frauengemeinschaften in den Gemeinden gerecht zu werden.

Wir hoffen und wünschen, daß viele Leserinnen und Leser in diesem Buch Anregungen finden, damit der adventliche Gottesdienst zum Weihnachtsgeheimnis hinführt. Wenn Sie uns Ihre Ideen und Anregungen mitteilen würden, würden wir uns freuen.

Düsseldorf, im Juni 1997

Anneliese Knippenkötter und Christel Voß-Goldstein

THEMA
ERWARTUNG UND
ANKUNFT: ADVENT

Hinführung

Adventszeit – es ist heute üblich, über den »Adventsstreß« zu klagen, sich gegenseitig »ein bißchen Ruhe und Besinnung in all dem Weihnachtstrubel« zu wünschen oder sich darüber zu mokieren, daß manche Familien, Kinder oder Alleinlebende an drei, vier oder fünf Adventsfeiern in einer »Saison« teilnehmen. Die Adventszeit steht in einer ganz eigentümlichen Spannung: einerseits finden wir »das alles« übertrieben und lästig, andererseits sind wir aber nur ganz selten bereit, darauf zu verzichten. Liegt es vielleicht auch daran, daß wir den Akzent zu einseitig auf die Erwartung/Vorbereitung legen – die häufigste Assoziation – und dabei den anderen Gesichtspunkt vergessen: die Ankunft, also das, was das Wort Advent in seiner Übersetzung aus dem Lateinischen meint?

Advent heißt Ankunft, und diese Ankunft ist bereits geschehen. Im geschichtlichen Menschen Jesus von Nazaret kam Gott in unsere Welt. An diesem Jesus, an seinen Worten, seinen Taten und seinem Schicksal können wir ablesen, wer und wie Gott für die Menschen sein will. Und damit stoßen wir dann auch ganz neu auf eine Erwartung: nämlich die Erfüllung all der Verheißungen, der Visionen und Hoffnungen, die bis heute noch ausstehen und mit Leben, Tod und Auferweckung Jesu nicht erfüllt, sondern eigentlich erst in Kraft gesetzt werden:

– der umfassende Friede für die gesamte Schöpfung

– das Fest der Gemeinschaft mit allen Ausgegrenzten

– der endgültige Sieg über die Macht der Todes.

Daß wir all dies unerschütterlich – manchmal gegen den Augenschein und die sogenannten »Fakten« – erwarten können, das nun liegt an der »Ankunft«, der Ankunft eines Kindes in der Welt, an dessen Schicksal Gott alle Verheißungen unwiderruflich gebunden hat.

Die Grafik des Titelblattes kann uns einiges dazu verdeutlichen. Da ist der helle Lichtschein – im Jahr des Kometen Hale-Bopp erkennen wir vielleicht unmittelbarer als sonst die Faszination dieser Symbolkraft. Die Dynamik der Bewegung beherrscht die gesamte Darstellung. Aber die eigentliche Ankunft steht noch aus – nichts läßt erkennen, daß das Ziel bereits erreicht ist. Und dann das Tröstliche: Diese Kraft- und Lichtbahn am Himmel ruft auf der Erde einen Widerschein hervor: die Spur des Hellen mitten im allgegenwärtigen Dunkel, ein unauslöschliches Zeichen der bereits geschehenen Ankunft, ein Unterpfand für die Erwartung, daß die Verheißungen sich erfüllen: *Advent*.

Christel Voß-Goldstein

Gottesdienste

Mache dich auf und werde Licht

FRAUENLITURGIE IM ADVENT

Wenig Licht, möglichst nur Kerzen. Instrumental-Musik oder ruhige Kassettenmusik oder Gitarrenspiel; Regenstäbe, Holzstäbe und Klangschalen (sind erhältlich in »Eine-Welt-Läden«).

Begrüßung und Eröffnung

Ihnen allen ein herzliches Willkommen, die Sie aus den Dekanaten zur Frauenliturgie in die Kirche gekommen sind.

Frauen des Kreisdekanatsteams haben den Gottesdienst vorbereitet und werden ihn gemeinsam leiten.

Wir stellen heute ein Bibelwort in die Mitte, das wir hören, bedenken, besingen und im Schauen tiefer in uns aufnehmen. So wird uns der Leitgedanke »Mache dich auf und werde Licht« immer mehr vertraut. Er kann uns Kirche als Gemeinschaft des Heiles erfahrbar machen und uns Begegnung mit dem Wirken des lebendigen Gottes vermitteln. So richten wir unseren Blick auf Gott, der uns Vater und Mutter, Licht und Leben ist, und sprechen gemeinsam: Im Namen des Vaters und des Sohnes und des Heiligen Geistes. Amen.

Lied

»Kündet allen in der Not« (GL 106)

Gebet

Du in uns lebender Gott, Vater und Mutter zugleich, von uns immer wieder neu zu entdecken.

Laß uns sensibel sein für deine leisen Regungen in uns, für deinen Gerechtigkeitssinn und deine Wahrheit in uns, für deine Liebe und Barmherzigkeit in uns.

Gib uns den Mut und die Fähigkeit, die Dunkelheiten um uns beim Namen zu nennen und sie so ins Licht zu stellen.

Darum bitten wir dich, durch Christus, deinen Sohn. Amen.

Schriftlesung

Das Volk, das im Dunkel lebt, sieht ein helles Licht;
über denen, die im Land der Finsternis wohnen, leuchtet ein Licht auf (Jes 9,1).

Impulsgedanken mit Klangelementen zu Jes 9,1

Der Prophet Jesaja wirkte von 746–701 vor Christus in Israel. Es war politisch eine bewegte Zeit kriegerischer Eroberungen. Die Bevölkerung Galiläas wurde 732 nach Assyrien verschleppt. So ist das Volk und das Land in tiefer Finsternis.

Jesaja spricht diesem Volk in Bildern davon, wie Not und Finsternis sich in Fülle und Licht verwandeln. Gott wirkt die Wende. So lautet seine Zusage: Das Volk, das im Dunkel lebt, sieht ein helles Licht; über denen, die im Land der Finsternis wohnen, leuchtet ein Licht auf.

das Volk – damals
Israel	(Regenstab)
Volk gläubiger Juden	(Regenstab)
Gottesvolk der Zukunft	(Regenstab)

das Volk – heute
Juden	(Regenstab)
Christen	(Regenstab)
Gottsuchende	(Regenstab)
Zweifelnde	(Regenstab)
Glaubende	(Regenstab)

Volk, das im Dunkel lebt
Dunkel – damals
Bedrohung (Holzstäbe)
Bedrängnis (Holzstäbe)
Verschleppung (Holzstäbe)
Freiheitsberaubung (Holzstäbe)
Ohnmacht (Holzstäbe)
Finsternis (Holzstäbe)

Dunkel – heute
Kriege (Holzstäbe)
Vertreibung (Holzstäbe)
Gewalt (Holzstäbe)
Hunger (Holzstäbe)
Verachtung (Holzstäbe)
Depression (Holzstäbe)
Selbstsucht (Holzstäbe)

Das Volk sieht ein helles Licht
Licht – damals
Zuspruch des Propheten (Klangschale)
Hoffnung auf Befreiung (Klangschale)
Hoffnung auf Erlösung (Klangschale)
Warten auf den Messias (Klangschale)
Ankunft des Friedensfürsten (Klangschale)

Licht – heute
Geschenke der Schöpfung (Klangschale)
Mitmenschlichkeit (Klangschale)
Zuwendung (Klangschale)
Hilfsbereitschaft (Klangschale)
Dankbarkeit (Klangschale)
Gott mit uns (Klangschale)
Botschaft Jesu (Klangschale)
gläubiges Leben mit Gott (Klangschale)

Jesus von Nazaret, der Messias des Volkes Israel, ist für uns der Gesalbte Gottes, der Christus. Seine Botschaft vom Reich Gottes mitten unter uns ist das *Licht in unserer* dunklen Welt.

Er ist das *unverdiente* Geschenk Gottes an uns Menschen.

Lied

»Gottes Wort ist wie Licht« (kfd-Liederbuch, Nr. 19)

Auf dem Altar werden Teelichter angezündet.

Dazu Musik von Taizé einspielen: »Bei Gott bin ich geborgen«.

Stille für persönliches Gebet

Vaterunser

Dabei fassen sich alle an den Händen.

Kollekte

Die Kollekte ist für das Frauenprojekt ... *(aus dem jeweiligen Umfeld):*

Frauen, besonders betroffen von Gewalt und Armut – unsere Hilfe wird für sie zum Licht.

Währenddessen Taizé-Kassette: »Adoramus te Domine.«

Gebet

Leuchtender Gott, schenke uns dein Licht. Mache uns hell und warm. Gib uns die Kraft, die Dunkelheiten unseres Lebens zu überwinden. Laß uns durch dich zum Licht der Hoffnung für andere werden, damit es in unserer finsteren Welt wärmer wird. Wir bitten dich darum durch Jesus, deinen Sohn, der zum Licht der Welt wurde. Amen.

Lichter-Aktion

Wenn die Lichter vorher ausgeteilt wurden, werden sie jetzt von Frauen für die Anwesenden in den Bänken angezündet. Dazu Taizé-Musik: »Im Dunkel unserer Nacht« (Kassette: Neue Gesänge aus Taizé).

Wenn sie auf dem Altar stehen und nach dem Lied angezündet wurden, holen alle Anwesenden in der Kirche ihr Licht vorne ab. Dazu der Pilgerschritt oder ruhiger Gehschritt zum Lied: »Mache dich auf und werde Licht« (vgl. dazu in diesem Band S. 49).

Segen

Gott, unsere Quelle des Lebens,
segne all die Menschen, die uns nahe stehen;
auch dann, wenn wir es schwer miteinander haben;
segne all die Menschen, die in Not und
Bedrängnis leben;
segne unsere Zeit, und laß uns
füreinander zum Segen werden. Amen.

Auszug

Mit den Lichtern und dem Kanon »Mache dich auf und werde Licht« ziehen alle aus der Kirche.

Gabriele Coenen und Teammitglieder der kfd

Begegnung im Advent

WORTGOTTESFEIER

In der Mitte des Raumes oder vor dem Altar liegt ein großer Stadt- oder Dorfplan, evtl. der Plan der Pfarrei.

Jede Teilnehmerin bekommt eine Stecknadel und zeigt damit an, wo sie wohnt. Auf diese Weise kann deutlich werden, ob die Frauen weit auseinander oder dicht beieinander leben.

Ist Begegnung untereinander überhaupt möglich? Gibt es Stadtteile oder Bezirke, die nicht vertreten sind? Wer »geht über das Gebirge« und besucht die »Schwester«?

■ Begrüßung und Hinweis auf den Plan

Nach der Begrüßung wird der Plan mit den Stecknadeln gezeichnet. Dazu leise Instrumentalmusik.

Die Teilnehmerinnen betrachten den Plan und denken über die Frage nach:

Wie kann Begegnung in unserer Gemeinde intensiviert werden?

■ Lied

»Maria durch ein Dornwald ging«, 1. Strophe

■ Gebet

Herr, unser Gott,
laß dein Licht aufgehen
in unseren Herzen und Häusern.
Dein Licht:
daß uns die Augen aufgehen füreinander,
daß wir einander neu sehen,
daß wir, was uns trennt, überwinden,
einander Worte des Friedens sagen

und an der Straße bauen,
auf der du kommst.
Laß dein Licht aufgehen
in unseren Herzen:
daß Tränen sich in Lachen wandeln,
Trauernde tanzen,
Enttäuschte es wagen, der Liebe zu trauen,
Einsame aufeinander zu gehen,
Verfeindete Friedenslieder singen.
Laß alle Menschen schauen dein Heil.

(Eleonore Beck)

Lied

»Maria durch ein Dornwald ging«, 2. Strophe

Gedanken zum Lied

Maria auf dem Weg zu Elisabet

Übers Gebirge führt mich der Weg,
ich spüre das Kind schon in mir:
Berge für alle die Hoffnung der Welt
und bringe auch Hoffnung zu dir.

Übers Gebirge führt mich der Weg,
ich trage für euch meinen Sohn.
Dornen und Steine, die seh ich vor mir,
ich spüre Verachtung und Hohn.

Übers Gebirge führt mich der Weg,
schon glänzt für euch alle der Stern.
Gott wird erfüllen sein tröstendes Wort,
ich trage den helfenden Herrn.

(Barbara Cratzius)

Lied

»Maria durch ein Dornwald ging«, 3. Strophe

Biblische Lesung

Lk 1,39–43

Meditation

Wer bin ich, daß die Mutter meines Herrn
zu mir kommt? (Lk 1,43)

Sind Sie auch schon einmal über diese Frage gestolpert? Immer wenn ich das Evangelium höre, in dem Lukas den Besuch Marias bei Elisabet beschreibt, bleibe ich an dieser Frage hängen, denke über Maria und Elisabet nach, denke über mich nach.

Elisabet lebt in einem Ort in Judäa. Sie ist im sechsten Monat schwanger und schon im »vorgerückten Alter«.

Maria – fast noch ein Mädchen – besucht ihre Verwandte Elisabet. Sie bricht in ihrem Wohnort Nazaret auf. Der Weg über die galiläischen Berge nach Judäa ist weit, anstrengend und vielleicht auch nicht ohne Gefahren. Vom Engel weiß Maria, daß Elisabet ein Kind erwartet. Doch Elisabet ahnt noch nichts von der Mutterschaft Marias. Gott hat sie beiden Frauen zugesagt. Auf das Wort seines Boten vertrauen sie. Dennoch bleibt die Frage: Warum ist Maria überhaupt zu Elisabet gegangen? War sie möglicherweise doch unsicher? Suchte sie Gewißheit, eine Bestätigung der Worte, die sie gehört hatte? Oder war sie so froh und glücklich, daß sie darüber sprechen mußte? Aber da hätte es doch wohl auch Gelegenheiten in Nazaret gegeben.

Als Maria in das Haus des Zacharias kommt, wird sie von Elisabet überaus herzlich begrüßt. Ist es der Geist Gottes, der sie sagen läßt: »Gesegnet bist du mehr als alle anderen Frauen, und gesegnet ist die Frucht deines Leibes«? (Lk 1,42)

Denkbar ist auch, daß sich die fromme Elisabet, die die Schriften kennt, an das Loblied erinnert, mit dem Judit gepriesen wurde, weil sie das Volk gerettet hatte:
»Meine Tochter, du bist von Gott, dem Allerhöchsten, mehr gesegnet als alle anderen Frauen auf der Erde. Gepriesen sei der Herr, unser Gott, der Himmel und Erde geschaffen hat« (Jdt 13,18).

Die gesegnete Elisabet bekennt, daß Maria die Gesegnete vor allen Frauen ist.

Es gehört nicht viel Phantasie dazu, sich vorzustellen, wie sich die beiden schwangeren Frauen begegnen. Für Künstler aller Zeiten war und ist die »Heimsuchung« ein beliebtes Thema.

Elisabet fragt: »Wer bin ich?« Die verschiedensten Antworten sind sicher blitzschnell in ihrem Kopf: Fakten aus ihrer Lebensgeschichte, abrufbare Daten. Die Fragestellung ist aber damit nicht zu Ende. Sie bekommt tiefere Dimensionen und führt weg von jeder vordergründigen Selbstbetrachtung. Die Frage nach dem »Ich«, nach dem So-Sein, wie ich bin, beinhaltet die Frage nach meinem Wert, schließt eine Beurteilung mit ein. Schließlich heißt die Frage: Wer bin ich vor Gott? Denn wenn mich die Mutter meines Herrn, meines Gottes, besucht, muß das im Erlösungsgeschehen eine ganz tiefe Bedeutung haben. Elisabet – im Glauben des Volkes Israel tief verwurzelt – nimmt Maria, die junge Frau aus diesem Volke, die Mutter des lange ersehnten Erlösers, in ihrem Haus auf. Das ist mehr als irgendeine Begegnung. Da wird deutlich, daß Altes und Neues, uralter Glaube und lang gehegte Hoffnung der Völker einswerden.

»Selig ist die, die geglaubt hat, daß sich erfüllt, was der Herr ihr sagen ließ.«

»Wer bin ich?« so fragt Elisabet bei der für sie so entscheidenden Gottesbegegnung.

»Wer bin ich?« so frage ich als Christin nach zweitausend Jahren, wenn Gott mir im Wort und Sakrament begegnet. Ich weiß mich von ihm geliebt. Er begegnet mir auch im Bruder und in der

Schwester. Er ist mitten unter uns, wenn wir uns in seinem Namen versammeln. Wird das Wort, das er uns zuspricht, lebendig? Schafft es Kontakte, weil wir so erfüllt sind vom Wort des lebendigen Gottes und davon erzählen müssen, damit andere teilhaben an unseren Begegnungen? Wir können anfangen, das Wagnis eingehen und das Gespräch beginnen, das die Alltagssorgen ernst nimmt und die Frage nach dem Sinn unseres Lebens, nach Gott, nicht ausklammert. Das kann niemand für sich allein. Das gelingt dort, wo ich mich von einer Gemeinschaft getragen weiß und gelernt habe, zu hören, zu sehen und wahrzunehmen.

Ein Inder hat das einmal so formuliert:

»Wichtig im Leben ist die Begegnung.
Wir sehen einander in die Augen;
wir tauschen unsere Erfahrungen aus.
Das ist für mich von größter Bedeutung.

Der Sinn des eigenen Lebens wird mir klarer,
wenn ich dem Leben anderer Menschen begegne.
In solchem Begegnen liegt unfaßliche Freude:
in ihm bricht das Ewige herein.«

Diese unfaßliche Freude, von der Lukas erzählt, die aufleuchtet bei der Begegnung der beiden Frauen damals – diese unfaßlich Freude, in der das Ewige hereinbricht, möge auch in unseren adventlichen Begegnungen aufleuchten!

■ Lied

»Maria durch ein Dornwald ging«, 4. und 5. Strophe

■ Gedanken zu Lukas 1,46–55

Es steht geschrieben, daß Maria sagte:
meine seele erhebt den herren
und mein geist freut sich gottes meines heilandes

denn er hat die niedrigkeit seiner magd angesehen
siehe von nun an werden mich seligpreisen alle kindeskinder

heute sagen wir das so:
meine seele sieht das land der freiheit
und mein geist wird aus der verängstigung herauskommen
die leeren gesichter der frauen werden mit leben erfüllt
und wir werden menschen werden
von generationen vor uns, den geopferten, erwartet

Es steht geschrieben, daß Maria sagte:
denn er hat große dinge an mir getan, der da mächtig ist
und dessen name heilig ist
und seine barmherzigkeit währt von geschlecht zu geschlecht

heute sagen wir das so:
die große veränderung, die an uns und durch uns geschieht
wird mit allen geschehen – oder sie bleibt aus
barmherzigkeit wird geübt werden, wenn die abhängigen
das vertane leben aufgeben können
und lernen selber zu leben

Es steht geschrieben, daß Maria sagte:
er übt macht mit seinem arm und zerstreut die hochmütigen
er stößt die gewaltigen von ihren thronen
und die getretenen richtet er auf

heute sagen wir das so:
wir werden unsere besitzer enteignen und über die,
die das weibliche wesen kennen, werden wir zu lachen kriegen
die herrschaft der männchen über die weibchen wird
    ein ende nehmen
aus objekten werden subjekte werden
sie gewinnen ihr eigenes besseres recht

Es steht geschrieben, daß Maria sagte:
hungrige hat er mit gütern gefüllt

und die reichen leer hinweggeschickt
er denkt der barmherzigkeit und hat sich israels
seines knechts angenommen

heute sagen wir das so:
frauen werden zum mond fahren und in den parlamenten
    entscheiden
ihre wünsche nach selbstbestimmung werden in erfüllung gehen
und die sucht nach herrschaft wird leer bleiben
ihre ängste werden gegenstandslos werden
und die ausbeutung ein ende haben.

(Dorothee Sölle)

Stille

Gebet

Gegrüßet seist du, Maria

Lied

»Magnifikat« (kfd-Liederbuch, Nr. 91)

Anneliese Knippenkötter

Geht in die Nacht und sucht einen Stern

ABENDGOTTESDIENST

Zum Abschluß werden süße Sterne, die in Körbchen in der Mitte oder vor dem Altar stehen, an alle verteilt. Gebastelte Sterne aus Stroh oder Gold- und Silberfolie dienen zur Dekoration.

Begrüßung

Allen, die gekommen sind, ein herzliches Willkommen! Wir machen uns gemeinsam auf den Weg, unseren Stern zu suchen, und lassen uns durch Texte und Lieder anregen. Diesen Weg beginnen wir:

Im Namen des Vaters und des Sohnes und des Heiligen Geistes. Amen.

Gebet

Gott, durch den Stern, dem die Menschen gefolgt sind, hast du deinen Sohn geoffenbart. Führe uns im Glauben auf unserem Weg zu dir. Darum bitten wir durch Jesus Christus, deinen Sohn. Amen.

Lied

»Man sagt, der Ort heißt Betlehem« (s. S. 70)

Schriftlesung

Jes 60,1–6

Halleluja

Wir haben seinen Stern gesehen
und sind gekommen, dem Herrn zu huldigen. (Mt 2,1)
Halleluja.

Lied

»Gott, heilger Schöpfer aller Stern« (GL 116, 1. und 6. Strophe)

Meditation

Der Stern

Nachts erwachen und mit herrlichem Erschrecken
hell im Fenster einen Stern entdecken,
und um ihn die sichre Angst verlassen,
wie Kolumbus nach dem Steuer fassen,
und gehorsam wie aus Morgenland die Weisen
durch die Wüste in die Armut reisen,
und im Stern des Engels Antlitz schauen:
wie ein Hirt zu Betlehem vertrauen.

(Christine Busta)

Ist es gar so schwer, einen hell funkelnden Stern als Zeichen zu erkennen?

Ein Stern? Ein Zeichen für mich? Für meinen Weg? Ich möchte oft schlafen, um zu vergessen. Vielen geht es so.

Verstrickt im Knäuel der eigenen Unruhe, der Sorge um das, was der nächste Tag bringt, sehen wir die Wege, die hinausführen könnten, nicht mehr. Um uns herum nur Nacht. Ja, und dann – gleichsam überraschend, unerwartet – »mit herrlichem Erschrecken« nachts im Fenster ein Stern!

Leuchtend steht er da. Der Blick aus dem Fenster schenkt eine solche Überraschung. Herrlich ist dann das Erschrecken! Hoffnung bricht durch, ein Lichtstrahl fällt hinunter, ein Weg wird sichtbar.

Nicht der Stern ändert die Situation. Sie ändert sich dadurch, daß man ihn sucht und entdeckt. Das Tun bleibt uns überlassen.

Jeder neue Aufbruch erfordert etwas von jener Abenteuerlust, welche die Entdeckung der Kontinente ermöglichte. Sie ist uns weithin nicht mehr eigen. Wir suchen und wünschen Sicherheit in allen Lebenslagen.

Für die Weisen, die dem Stern folgten, war Gehorsam nicht Zwang, sondern Handeln aus innerster Überzeugung. Sie ließen vieles zurück – Ablenkendes und Nebensächliches –, sahen den Stern, der ihnen Wegweiser sein wollte, sie schauten in ihm das Antlitz des Engels und entdeckten darin die Botschaft vom Frieden.

Der Stern geht auf, an jedem Tag neu – manchmal nur schwach erkennbar, hinter Wolken verborgen, aber für die Suchenden und Sehenden leuchtend hell – die Dunkelheit durchbrechend. Die Botschaft heißt: Alles Licht kommt von Gott.

Der Stern von Betlehem ist das Zeichen dafür, daß das Licht – Christus – in die Finsternis kam.

Möglich, daß uns die Kraft zum Erwachen, zum Erkennen und zum Aufbruch fehlt; möglich, daß wir nach all den Enttäuschungen in unserem Leben nicht mehr vertrauen können. Das Wort Vertrauen ist für viele leer geworden. Skepsis, Mißtrauen oder gar Ablehnung traten an die Stelle. Doch alles dies wird man hinter sich lassen müssen, wenn die Botschaft vom Frieden im eigenen Leben Wirklichkeit werden soll.

Glauben und Vertrauen stehen dicht beieinander. Beides fällt uns Menschen in unserer hochtechnisierten Welt so schwer, schwerer vielleicht als den Hirten auf den Fluren Betlehems. Aber ich denke, daß wir es wieder lernen können, wenn wir das überwinden, was sich an Mißtrauen, Neid und Haß in uns eingegraben hat – und wenn wir entdecken, daß wir geliebt werden.

Das mag mühsam sein. Vielleicht sehen wir beim Nachsinnen über die wenigen Zeilen neue Möglichkeiten.

So will es die Dichterin Christine Busta. In einem Brief schrieb sie: »Mein Grundthema ist die Verwandlung der Furcht, des Schreckens, der Schuld, in Freude, Liebe, Erlösung. Freilich hat die Schönheit dabei oft unbarmherzige Farben, und die Tröstung kostet zumindest eine Hüfte. Es geht immer wieder um das ›Korn der

Gnade, das harte‹. Auch der Glaube ist kein gesicherter Besitz, sondern etwas, das mühsam aus dem Schutt herausgegraben werden muß ...«

■ **Stille**

■ **Instrumentalmusik**

■ **Gebet**

Wir danken dir, Gott, und bitten dich: Laß dein Licht auf unseren Wegen leuchten, damit wir das Ziel unseres Lebens, das du bist, nicht verfehlen. Amen.

Mach uns hellsichtig

Mach uns hellsichtig,
damit wir deinen Stern erkennen,
wenn er in unserer Nacht aufstrahlt.
Mach uns hellhörig,
damit wir diejenigen,
die uns nach dir fragen,
nicht weiterschicken mit Bücherwissen; mitgehen,
dich mit den Suchenden neu finden.

(Eleonore Beck)

Im Namen Gottes, des Vaters, des Sohnes und des Heiligen Geistes machen wir uns auf den Weg und lassen uns sagen: »Geht in die Nacht und sucht einen Stern.«

■ **Lied**

»Geht in die Nacht und sucht einen Stern« (s. S. 71)

Anneliese Knippenkötter

Das Licht, das nicht verlöschen darf

GOTTESDIENST MIT LICHT-MEDITATION

Während das erste Lied gesungen wird, ziehen vier Frauen mit einer brennenden Kerze ein und nehmen im Altarraum im Halbkreis Aufstellung.
Findet die Feier nicht in der Kirche statt, sollten die Sitzplätze so angeordnet sein, daß diese Frauen mit ihren Kerzen von allen gut gesehen werden.
Bereitstehen sollte ein Leuchter, auf den die Kerzen gestellt werden.
Da zum Abschluß der Feier ein liturgischer Tanz vorgesehen ist, muß dafür Raum sein. Alle können daran teilnehmen.

Instrumentalmusik zur Einstimmung

Lied

»Menschen warten auf den Herrn« (s. S. 72, 1. und 2. Strophe)

Begrüßung

Ein herzliches Wort des Grußes sage ich Ihnen am Beginn dieser besinnlichen Stunde. In den fast dunklen Raum sind vier Frauen mit brennenden Kerzen eingezogen, während wir das Lied gesungen haben: »Menschen warten auf den Herrn.«
  Wer sind diese Menschen, die auf den Herrn warten? Gehören wir zu ihnen? Wann wird er kommen? Wie wird er kommen? Wie werden wir ihn empfangen?
  Texte und Lieder können Anregungen sein, damit wir die Antworten auf unsere Fragen finden.
  Wir wollen uns öffnen für Worte des Glaubens und füreinander in dieser Gottesdienstgemeinschaft und beginnen:
  Im Namen des Vaters, des Sohnes und des Heiligen Geistes. Amen.

Lied

»Menschen warten auf den Herrn« (s. S. 72, 3.–5. Strophe)

Licht-Meditation

Sprecherin: In unseren Familien und Gruppen werden im Advent Kerzen angezündet. Vier Kerzen schmücken den Adventskranz. Über den Sinn dieses schönen Brauchs, über die vier Lichter wollen wir nachdenken.

Frau mit der ersten Kerze: Dieses Licht heißt »Gerechtigkeit«. Es brennt, weil wir uns bemühen um Gerechtigkeit im Zusammenleben der Menschen.

Sprecherin: Ich widerspreche. Wo gibt es denn Gerechtigkeit? Viele Menschen hungern, und andere werden immer reicher.
Auch in unserer Gesellschaft gibt es ungerechte Strukturen, die verändert werden könnten und doch nicht verändert werden.
Es gibt keine Gerechtigkeit. Das Licht darf nicht brennen.
(Die erste Kerze wird ausgelöscht.)

Lied

»Wir sagen euch an den lieben Advent« (GL 115, 1. Strophe)

Frau mit der zweiten Kerze: Dieses Licht heißt »Frieden«. Es brennt, weil es gut ist, wenn alle Menschen sich lieben, sich wohlwollend begegnen, einander helfen und begleiten.

Sprecherin: Ich widerspreche. Wo gibt es Frieden? Überall in der Welt gibt es Kriege. Menschen werden aus ihren Häusern vertrieben, getötet. Auch bei uns gibt es in vielen

Familien Streit, der oft lange andauert und nicht zum Frieden führt. Es gibt keinen Frieden. Das Licht darf nicht brennen.
(Die zweite Kerze wird gelöscht.)

Lied

»Wir sagen euch an den lieben Advent« (GL 115, 2. Strophe)

Frau mit der dritten Kerze: Dieses Licht heißt »Hoffnung«. Es brennt, weil wir ohne Hoffnung nicht leben können. Menschen hoffen auf Frieden und Gerechtigkeit.

Sprecherin: Ich widerspreche. Wo gibt es Hoffnung? Mir begegnen so viele traurige Menschen. Sie resignieren. Ihre Hoffnung auf Versöhnung wurde zerstört. Es gibt keine Hoffnung. Das Licht darf nicht brennen.
(Die dritte Kerze wird gelöscht.)

Lied

»Wir sagen euch an den lieben Advent« (GL 115, 3. Strophe)

Frau mit der vierten Kerze: Dieses Licht heißt »Freude«. Es brennt, weil immer dann, wenn die Menschen sich gegenseitig eine Freude machen, Hoffnung und Zuversicht wieder aufleben.

Sprecherin: Ich widerspreche. Wo gibt es Freude? Die Menschen haben doch gar keine Zeit für die Freude. Sie hetzen von einem Termin zum nächsten, um nichts zu verpassen, um gute Geschäfte zu machen.
Nicht einmal die Kinder freuen sich. Sie besitzen ja alles und erwarten immer größere Geschenke. Es gibt keine Freude. Das Licht darf nicht brennen.
(Die vierte Kerze wird gelöscht.)

Stille

(Evtl. leise Instrumentalmusik)

Erste Frau: Wer rettet die Gerechtigkeit?

Zweite Frau: Wer rettet den Frieden?

Dritte Frau: Wer rettet die Hoffnung?

Vierte Frau: Wer rettet die Freude?

Sprecherin: Laßt es uns noch einmal versuchen: Zündet die Kerzen an.
(Die Lichter werden angezündet.)
Das Licht der Gerechtigkeit soll leuchten.
Das Licht des Friedens soll brennen.
Das Licht der Hoffnung soll in die Zukunft scheinen.
Das Licht der Freude soll im Alltag strahlen.

Lied

»Wir sagen euch an den lieben Advent« (GL 115, 4. Strophe)

Schriftlesung

Jes 42,1–3

Kanon

»Mache dich auf und werde Licht« (s. S. 49)

Zum Abschluß als Tanz

Anneliese Knippenkötter

Die Botschaft heißt: »Fürchte dich nicht!«
WORTGOTTESFEIER

■ **Instrumentalmusik zur Einstimmung**

■ **Lied**

»Wachet auf, ruft uns die Stimme« (GL 110, 1. und 3. Strophe)

■ **Begrüßung**

Aus der Hetze des vorweihnachtlichen Alltags kommend, wollen wir innehalten und über uns in diesem Advent nachdenken.

Ihnen allen gilt mein herzlicher Gruß, und ich möchte Sie einladen, einander zu begrüßen und einander kurz mitzuteilen, wie es Ihnen geht; mit welchem Gebetsanliegen Sie gekommen sind.

(Hinweis: etwa zwei Minuten Zeit dafür)

In dieser Stunde singen wir alte und neue Lieder, hören Musik und Texte, die uns die biblischen Nachrichten in Erinnerung rufen.

Viele Bilder sind uns vertraut: Engel und Hirten, der Weg über das Gebirge, die herzliche Begegnung der beiden Frauen Maria und Elisabet, das obdachsuchende Paar, der hartherzige Wirt und schließlich der Stall mit dem Kind und seinen Eltern und einigen Tieren, über die es so viele Geschichten und Legenden gibt. Aber auch die weitergereisten Könige mit ihren Schätzen gehören zu unseren Bildern und gelegentlich noch die fliehende junge Familie.

Bilder, die von Freude und Hoffnung, die aber auch von Not und Elend erzählen – und mitten darin die Botschaft: »Fürchte dich nicht!« So sagen es Gottes Boten den Menschen – damals und heute.

■ **Kanon**

»Hör' unser Rufen« (s. S. 73)

Schriftlesung

Lk 1,26–38

Lied

»Ave Maria, gratia plena« (GL 580)

Dialog-Text

(Der Text der Sprecherinnen kann von leiser Instrumentalmusik begleitet werden.)

1. *Sprecherin:* Fürchte dich nicht!
   Der Herr ist mit dir!
   Gott wird dir seine Fülle schenken.

2. *Sprecherin:* Meine Seele preise den Herrn,
   und mein Geist freut sich.
   Der Herr hat Großes an mir getan.

1. *Sprecherin:* Fürchte dich nicht!
   Der Herr ist mit dir!
   Gott wird dir den Erlöser schenken.

2. *Sprecherin:* Meine Seele preise den Herrn,
   und mein Geist freut sich.
   Der Herr hat Großes an mir getan.

1. *Sprecherin:* Fürchtet euch nicht!
   Der Herr ist euch nahe!
   Gott wird euch seinen Frieden schenken.

2. *Sprecherin:* Laßt uns loben und danken dem Herrn.
   Unser Geist freue sich.
   Der Herr hat Großes an uns getan.

■ **Text zum Nachdenken**

Ich träume den Traum von Engeln

Ich träume den Traum von Engeln,
die den Himmel erden,
Augen öffnen
und Herzen aufschließen,
die Lasten
mittragen
wie Simon von Cyrene,
die Leben
an den Himmel
binden,
damit nichts
und niemand
ungehört schreit
nach Verstehen
und Liebe
und allem
Brotähnlichem ...

Ich träume
den Traum
von Hoffnungen,
die wie Engel sind,
entrückend,
lockend
und doch
so wirklich
wie Händedruck
und Umarmungen.

(Roland Schönfelder)

■ **Instrumentalmusik**

■ **Text zum Nachdenken**

Der Engel in dir

Der Engel in dir
freut sich über dein
Licht

weint über deine Finsternis

Aus seinen Flügeln rauschen
Liebesworte
Gedichtete Liebkosungen

Er bewacht
deinen Weg

Lenk deinen Schritt
engelwärts

(Rose Ausländer)

■ **Instrumentalmusik oder Kanon**

»Wechselnde Pfade« (s. S. 72)

■ **Dialog-Text**

1. Sprecherin: Der Engel spricht: »Fürchtet euch nicht!«
Macht euch auf den Weg!
Ihr werdet ein Kind finden.

2. Sprecherin: Sie machten sich auf,
fanden das Kind
und lobten Gott.

1. Sprecherin: Der Engel spricht: »Fürchtet euch nicht!«
Habt keine Angst! Geht den Weg!
Ihr werdet das Heil finden.

2. Sprecherin: Sie machten sich auf,
fanden das Kind
und lobten Gott.

1. Sprecherin: Der Engel spricht: »Fürchtet euch nicht!«
Habt Vertrauen! Ihr seid nicht allein.
Ihr werdet den Frieden finden.

2. Sprecherin: Sie machten sich auf,
fanden das Kind
und lobten Gott.

1. Sprecherin: Der Engel spricht zu uns: »Fürchtet euch nicht!«
Brecht auf! Geht mutig euren Weg!
Ihr werdet das Ziel eures Lebens finden: Gott.

2. Sprecherin: Sie machten sich auf,
fanden das Kind
und lobten Gott.

Kanon

»Lobet und preiset, ihr Völker, den Herrn« (GL 282)

Gebet

Dein Lob laß mich singen,
Gott meines Lebens.
Du füllst mein Herz mit Freude.
Nach langen Nächten,
wenn ich den kreisenden Gedanken
ausgeliefert schlaflos liege,
läßt du mir die Sonne aufgehen

und mit ihr Hoffnung.
Wenn mich das Ungenügen drückt,
gibst du mir Mut.
Du rechnest die Schuld nicht auf,
bist groß im Vergeben.
Du läßt mich träumen den Traum
von Zukunft und Freiheit.
Wenn Trauer schwarze Schatten um mich webt,
heißt du mich aufblicken,
lehrst mich das Lachen.

Du bist meine Rettung,
dir will ich vertrauen
und niemals verzagen.

(Eleonore Beck)

Segen

Gott, auf unserem Weg durch diesen Advent begleite uns. Gott, sage es uns täglich neu: »Fürchte dich nicht!« Laßt uns als einzelne und in der Gemeinschaft den Weg zum Heil gehen: Im Namen des Vaters und des Sohnes und des Heiligen Geistes. Amen.

Lied

»Stern über Bethlehem, zeig uns den Weg« (s. S. 74)

Anneliese Knippenkötter

Nun wollen wir ein Licht anzünden

ABENDLOB

Der Raum ist fast dunkel. Die Teilnehmerinnen nehmen ihre Plätze schweigend ein. Zur Einstimmung leise Instrumentalmusik.
Die Teilnehmerinnen sitzen im Kreis. Die Mitte (oder der Platz vor dem Altar) wird mit einem violetten Tuch gestaltet. Darauf liegen Steine, Sand, trockenes Holz, evtl. eine Baumwurzel und zwischen alldem Kerzen.

Begrüßung

Im Namen Gottes, des Vaters, des Sohnes und des Heiligen Geistes haben wir uns versammelt. Ich sage Ihnen ein herzliches Willkommen. Wir stimmen uns an diesem Adventsabend (-nachmittag) auf den Weg, auf die Wegstrecke, die nach Betlehem führt, ein.

Wir erinnern uns an biblische Wegstrecken durch die Wüste, durch das Meer, über das Gebirge und über die Felder.

Die Wege waren dunkel, aber manchmal auch sonnenheiß. Sie waren beschwerlich. Biblische Menschen schenkten einander Stärkung, Trost und Licht. Gleich den biblischen Menschen damals schenken auch wir einander Trost und Licht in den dunklen Stunden des Lebens.

Lied

»Der Weg nach Bethlehem« (s. S. 73)

Biblische Lesung

Lk 2,8–20

Gebet

ich glaube an ihn
jesus von nazaret
ich hoffe auf ihn
jesus von nazaret
ich habe alles auf ihn gesetzt
jesus von nazaret
sohn der erde
sohn des himmels
sohn des lichtes
sohn des vaters
sohn aus einer anderen welt
sohn auch unserer welt
glücksfall mensch
mit uns
und gegen uns
einzigartig sohn gottes

(Wilhelm Willms)

Meditation

Lied: »Hört, es singt und klingt« (GL 139, 1. Strophe)

Die Hirten sind noch unterwegs

und ohne Dach, wenn andre längst in festen Häusern schlafen.
Doch wachen sie nicht mehr
wie einst bei Schafen
und denken über Schuld und Gott
und Elend nach.

Als Taxifahrer halten sie sich mühsam wach,
sie zittern im Gefängnis vor den Strafen,
sind ausgestoßen von den ewig Braven,

und unter Schmerzen liegen sie,
verstört und schwach ...

Doch siehe: Gottes Engel tritt heran
zu allen, die er wachend findet,
weil Pflicht, weil Schicksal sie jetzt
bindet,
sagt ihnen, wo sie sind,
die Freude an:
das Heil wohnt unter uns im engen Stall,
und Betlehem ist heute überall.

(Dietmar Schröder)

Lied: »Hört, es singt und klingt« (GL 138, 2. Strophe)

die hirten haben namen

wie du und ich
engel und hirten
stehen staunend
vor dem geheimnis der weihnacht
stehen wir
wie ochs und esel
an der krippe
an der futterkrippe
der hoffnung

und die hirten
haben namen
irgendeine hand
hat sie unter
die zeichnungen gemalt
die bibel nennt sie nicht
aber der volksglaube
hat ihnen namen gegeben

keine großen namen
keine herrschertitel
keine künstlernamen
keine pseudonyme

die hirten
haben namen
wie du und ich
franz und heinrich
heißen sie
und maike
und friederike

manchmal
kommen die hirten
in unsere städte
kommen direkt von der krippe
von der wiege des christentums
tragen zivilanzüge
konfektionskleidung
haben vielleicht
noch die spreu des erlösers
und den stallgeruch des himmels
an sich
reden noch immer
begeistert und wirr
von dem
was sie gesehen und gehört haben
haben noch den hellen glanz
der nacht auf dem felde
in den augen
gehen unerkannt
durch unsere straßen
hausen in unseren häusern
vielleicht nebenan

berühren unsere türen
und unsere herzen
gehen weiter
immer wieder auf der suche
nach dem menschensohn
der bei uns lebt
und nicht totzukriegen ist
trotz aller verzweifelten versuche
ihn totzuschweigen
ihm endlich den garaus zu machen
mit den mitteln des fortschrittes
und des konsums
mit den wundern der technik
und den erkenntnissen
der wissenschaft

doch alle ölpipelines der erde
füllen unsere herzen
nicht mit hoffnung
alle warenhäuser der welt
können nicht den durst
nach liebe stillen
und alle sinnvermittler
und fortschrittspropheten
wissen nichts
von dem beglückenden
lächeln des kindes
in der krippe
das sich bis heute
fortpflanzt
von einem ende
der erde zum anderen
echo der engelsworte
auf dem felde:

heute ist euch
gottes sohn geboren
der erlöser

(Wolfgang Poeplau)

Lied: »Hört, es singt und klingt« (GL 139, 3. Strophe)

Überall ist Betlehem.

An allen Orten kannst du IHN finden:
im Schulkind, das vor einer
Klassenarbeit Angst hat,
in der Verkäuferin, die verzweifelt
auf Kunden wartet,
in dem Vater, der am Ferienstrand
unter seinem Lächeln die Sorge
um die Zukunft
seiner Kinder verbirgt,
in der alten Frau, der im Café
ganz plötzlich die Frage kommt,
warum sie damals das einzig
rettende Wort zurückgehalten hat
(warum nur? warum?).

Überall ist Betlehem.
Und überall ist dicht daneben
das Hirtenfeld.
Und der Hirt, die Hirtin bist du.
Mach die Augen auf,
dann siehst du
die Angst in den Händen des Kindes
neben dir in der Straßenbahn,
die Verzweiflung
im Blick der Verkäuferin,

die Sorge im Lächeln des Mannes
neben dir am Strand,
die bange Frage im Auge
der alten Frau neben dir im Café.
Neben dir ist Betlehem.
Gleich neben dir und überall.
Nur ein Schritt, ein Blick
und du bist da,
bei Christus,
Gottessohn und Menschensohn.
Ein Stück der Freude von Betlehem
ist die Freude, die du gibst.

(Marisa Roos)

Lied: »Kündet allen in der Not« (GL 106)

Hirtenlied

Wir waren die ersten, Herr,
wir fanden dich,
du warst ein Kind
und lagst in einer Krippe.
Wir fielen aufs Knie und beteten:
Gedenke unser,
wenn du groß sein wirst.
Wir haben weder Land noch Herden,
die Erde ist sehr ungerecht verteilt.
Von den Menschen, die heute leben,
wird nur jeder vierte satt.

Der weiße Mann hat Schuhe,
Hosen, Hemden
und eine Waffe, die vernichtet,
was er will,

hat Kirchen dir aus Stein gebaut;
wir nächtigen auf freiem Feld.

Kennst du das Buch,
in dem sie geschrieben,
was du getan hast damals,
was gelehrt,
wie du gestorben bist
und wie dann auferstanden?
Komm wieder, Herr, komm,
wir erwarten dich.

(Arnim Juhre)

Nun werden die Kerzen angezündet, und alle Teilnehmerinnen halten eine brennende Kerze in der Hand.

Segen

Wir bitten Gott um seinen Segen auf unserem Weg durch diesen Advent:
Gott segne unsere Wege, die wir im Alltag gehen;
segne unsere Arbeit, die wir täglich tun;
segne unsere Familien, Freundinnen und Freunde,
segne die kranken Männer und Frauen in unserer Gemeinde.
Gott, segne uns! Amen.

Abschluß

Zum Abschluß wird das Lied »Der Weg nach Bethlehem« nochmals gesungen. Findet die Feier in der Kirche statt, ziehen wir mit den brennenden Kerzen hinaus. Im Saal stehen alle mit den Lichtern im Kreis.

Anneliese Knippenkötter

Materialien und Anregungen

Lateinamerikanisches Weihnachtslied

Freude wohnt jetzt in den Hütten
und in den Elendsvierteln der Städte,
Arme und Schwache fassen neuen Mut,
denn Gott machte sich zu ihrem Bruder
im Kind, das in der Krippe liegt,
es ist Christus, unser Erlöser.

Freude herrscht unter allen Menschen,
denn geboren wurde ihr Erlöser,
die Hoffnung für die ganze Welt.

In Bethlehem erschien unser Heil
und Gottes Wort wurde Mensch,
Liebe wird jetzt den Haß besiegen,
denn Gott hat uns die Hand gereicht
im Kind, das in der Krippe liegt,
es ist Christus, unser Erlöser.

Adveniat 1981

Ihr Gott sei von gestern

Ihr Gott sei
von gestern –
sagen sie

wie Schnee
von gestern –
zerronnen.

Mein Gott ist
ein Gott
für heute
täglich
wie Brot

für morgen
notwendig
wie Hoffnung.

Der Gott
von gestern
ist für mich
derselbe
für heute und morgen.

Wohin käme ich
Sonst.

Bild: Magdalena Hoffmann-Soare (Textilbild »Der Weg«)
Text: Hedwig Beckmann

Thema Erwartung und Ankunft: Advent 49

Mache dich auf und werde Licht

LIED MIT EINFACHER SCHRITTFOLGE (PILGERSCHRITT) ODER KREISTANZ

Mache dich auf und werde Licht

© Präsenz-Verlag, D-65597 Gnadenthal

Erste Möglichkeit:

Je zwei Takte eine Pilgerschrittfolge: | re vor – li vor | re vor – li zurück |.

Zweite Möglichkeit:

Kreistanz

Als Kanon zu zwei Stimmen

Ausgangsposition:

Kreis, Front in Tanzrichtung: gegensonnen (rechts), Schulterfassung, Licht in einer Hand (wenn alle mittanzen innen, linke Hand, wenn für die Gemeinde getanzt wird außen, rechte Hand). Bei zu geringer Personenzahl (weniger als zehn Tanzende) ist es besser, unangefaßt auf der Kreislinie zu gehen.

Für einen Kanon sollte ein Innen- und ein Außenkreis gebildet werden. Der Innenkreis beginnt. Wenn dieser in der Mitte des Liedes mit der Drehung anfängt (s. 3.), beginnt der Außenkreis zu tanzen.

Bewegung:

1. Mache dich auf und werde Licht! *Pilgerschritt* | re – li | re – li |.

2. Mache dich auf und werde Licht! *Pilgerschritt* | re – li | re – li |.

3. Mache dich auf und werde Licht, *3/4-Drehung mit vier Schritten nach rechts, jetzt Front zur Kreismitte.*

4. denn dein Licht kommt. *Licht mit beiden Händen hochheben und wieder senken.*

In Ausgangsstellung und von neuem tanzen.

Hannelie Jestädt

Advent

Der Herr ist gut.
Der Herr ist herrlich
und gut,
der Herr,
und er kommt
zu uns,
ja, er kommt!
Halleluja!
   Wir müssen vom Schlaf
   nun auferstehn,
     ihm singend
     mit Lampen
     entgegengehn,
denn er kommt
zu uns,
ja, er kommt!
Halleluja!

Der Herr ist treu.
Er hält, was er sagt, er
macht frei,
der Herr,
wenn er kommt
zu uns,
ja, er kommt!
Halleluja!
   Er wirft seine Feuer
   mit Macht vor uns her,
   die glühen uns aus
   und brennen
   uns leer,
wenn er kommt
zu uns,

ja, er kommt!
Halleluja!

Der Herr ist schön.
Wir dürfen ihn lieben
und sehn
im Menschen,
der kommt
zu uns,
ja, er kommt!
Halleluja!
   Wir tanzen in seiner
   Liebe, so sehr
   von seinem Kommen
   getragen,
     daher,
denn er kommt
zu uns,
ja, er kommt!
Halleluja!

Silja Walter

Begebenheit

Es begab sich aber zu der Zeit,
da die Bibel ein Bestseller war,
übersetzt in mehr als
zweihundert Sprachen,
daß alle Welt sich fürchtete:
Vor selbstgemachten Katastrophen,
Inflationen, Kriegen, Ideologien,
vor Regenwolken, radioaktiv,
und Raumschiff-Flottillen,
die spurlos verglühn.

Als die Menschenmenge
auf dem Wege war,
ungeheuer sich vermehrend,
hinter sich die
Vernichtungslager der Vergangenheit,
vor sich die
Feueröfen des Fortschritts,
als alle Welt täglich
geschätzet und gewogen wurde,
ob das atomare Gleichgewicht stimmt,
hörte man sagen:
Laßt uns nach Betlehem gehn.

Arnim Juhre

Sollte es das Christkind gewesen sein?

Es war einmal eine gute Frau, die sich an Weihnachten eine Ehre daraus machte, arme Kinder zu beschenken. Schon lange vor dem Fest fing sie an, Kurchen zu backen, um sie in der Kirche vor der Krippe zu verteilen.

Als sie mit ihrer Arbeit fertig war, erfüllte ein herrlicher Duft das Haus und drang bis auf die Straße hinaus. In Reih und Glied standen die Kuchen auf einem langen Tisch. Ihr Anblick erfüllte die Frau mit Stolz und Freude.

Das klopfte es plötzlich an die Tür.

Vor der Tür stand ein fremdes Kind und schaute sie bittend an.

»Gibst du mir einen Kuchen?« fragte es.

Aber es reute die gute Frau, einen der Kuchen jetzt schon wegzugeben.

»Wo denkst du hin!« sagte sie. »Weihnachten ist erst in einer Woche!«

»Weihnachten ist heute«, sagte das Kind.

Doch die gute Frau dachte an nichts anderes, als das Kind wolle mit List einen ihrer Kuchen ergattern.

Sie wies ihm streng die Tür.

Am Heiligabend packte sie die Kuchen ein.

Aber als sie damit in die Kirche kam, sah sie den Pfarrer und den Küster aufgeregt vor der Krippe stehen.

Sie war leer.

Da erinnerte sich die Frau an das fremde Kind und erschrak.

Sollte es das Christkind gewesen sein?

Max Bolliger

Dezembernacht

Feldhüter haben in einem Geräteschuppen
(Steckrübenacker, Pflaumenbäume, Flußwind)
Eine Geburt aufgespürt, hier unzulässig.
Flüchtlinge gehören ins Lager und registriert.
Der Schafhirt kam dazu, ein junger Mann,
Der ging mit einem Stecken übers Mondfeld.
Sein Hund mit Namen Wasser sprang an der Hütte hoch.
Ein Alter drinnen gab Auskunft, er sei nicht der Vater.
Die Feldhüter verlangten Papiere. Das Neugeborene schrie.
Die Schafe versperrten die Straße. Drei Automobile,
Ein Mercedes, ein Bentley, eine Isetta hielt an.
Drei Herren stiegen aus, drei Frauen, schöner als Engel,
Fragten, wo sind wir, spielten mit den Lämmern.
Spenden Sie etwas, sagten die Feldhüter.
Da gaben sie ihnen
Ein Parfüm von Dior, einen Pelz, einen Scheck auf die Bank
von England.
Sie blieben stehen und sahen zu den Sternen auf.
Glänzte nicht einer besonders? Ein Rauhreif fiel,
Die kleine Stimme in der Hütte schwieg.
Ein Mercedes, ein Bentley, eine Isetta fuhren an
Und summten wie Libellen. Der Hirte schrie
Fort mit euch Schafen, fort mit euch Lämmern.
Ist das Kind gestorben? Das Kind stirbt nie.

Marie Luise Kaschnitz

Der taube Hirte

Er war nicht nach Bethlehem mitgegangen,
er hatte die Botschaft des Engels nicht gehört,
er sah nur:
die Tiere waren vom jähen Lichtschein verstört,
und blieb, die Verlaufenen wieder einzufangen.

Er mühte sich sehr, denn er lahmte vor Alter.
Zerbrochen war ihm von harten Jahren der Atem,
mißtrauisch der Geist.
Er fühlte vorm fremden Stern sich seltsam verwaist
und dankte den Schafen,
die ängstlich an seinen Händen rochen.

Dann warf er Reisig ins Feuer
und wartete Stunde um Stunde treu dem Gewohnten.
Er bangte, die anderen kämen nie mehr.
Aber die Herde drängte schon wieder zutraulich her,
ruhlos umkreist vom Schatten der wachsamen Hunde.

Als nach Tagen die Eiligen,
die voll Hoffnung geschieden,
kleinlaut wiederkehrten,
in Aug' und Ohr noch den Mord,
brannten die Feuer,
es fehlte kein Tier,
und das Wort des Engels
fand sich wieder im Lallen des Tauben.

Er grüßte: »Frieden!«

Christine Busta

Jedesmal, wenn zwei Menschen einander verzeihen,
ist Weihnachten.
Jedesmal, wenn ihr Verständnis zeigt für eure Kinder,
ist Weihnachten.
Jedesmal, wenn ihr einem Menschen helft, ist Weihnachten.
Jedesmal, wenn jemand beschließt, ehrlich zu leben,
ist Weihnachten.
Jedesmal, wenn ein Kind geboren wird, ist Weihnachten.
Jedesmal, wenn du versuchst, deinem Leben
einen neuen Sinn zu geben, ist Weihnachten.
Jedesmal, wenn ihr einander anseht mit den Augen des Herzens,
mit einem Lächeln auf den Lippen, ist Weihnachten.
Denn es ist geboren die Liebe.
Denn es ist geboren der Friede.
Denn es ist geboren die Gerechtigkeit.
Denn es ist geboren die Hoffnung.
Denn es ist geboren die Freude.
Denn es ist geboren Christus, der Herr.

Aus Brasilien

Die kleine Tür in Betlehem

Wie oft
muß ich leisten
und möchte nur lieben,
muß ich stark sein
und fühle mich schwach,
muß ich groß sein
und bin doch ganz klein.

Die kleine Tür
in Betlehem
macht mir Mut.

Nur
wer klein ist,
kommt zum Großen,
wer schwach ist,
trifft auf Stärke,
wer liebt,
findet das Leben.

Die kleine Tür
in Betlehem
führt zu Ihm.

Marie-Luise Langwald

zu Lk 2,1–20

WERKSTATT GOTTESDIENST

Auf den folgenden Seiten werden Gottesdienste oder auch einzelne Gottesdienstelemente vorgestellt, die sich nicht unmittelbar auf den thematischen Schwerpunkt beziehen. Sie können in Teilen oder vollständig übernommen und auch in einen größeren liturgischen Rahmen einbezogen werden. Aus einem »Morgenlob« läßt sich mit wenigen Änderungen ein Gottesdienst zum Tagesausklang machen, ein Meditationstext kann in einer Eucharistiefeier Verwendung finden ... Durchgängig sollen die Materialien dieses Teils dazu anregen, konkrete und anschauliche Symbole für eine ganzheitliche Liturgie fruchtbar zu machen, in der Gott »mit Herzen, Mund und Händen« angesprochen wird.

Weihnachten

EINE SPRECHMOTETTE

■ **Anmerkung**

Sprechmotetten sind folgendermaßen einzusetzen: Zuerst übt die Sprecherin in Gruppen die vorgegebenen Sprechsätze ein (I, II und III).
Danach liest sie den Text, und an der jeweiligen Stelle (I, II, III) wird die entsprechende Gruppe wie bei einem Kanon per Hand eingewunken. Da die Sprechmotetten den biblischen Bezug jeweils aktualisieren, kann man sie auch im Rahmen anderer Gottesdienstthemen einsetzen als hier vorgegeben.
Auch innerhalb eines Gottesdienstes ist ihre Verwendung variabel. So können sie beispielsweise im Anschluß an die Lesung oder das Evangelium gesprochen werden, ebenso als Meditation nach der Kommunion.

■ **Sprechsätze**

I – Fürchtet euch nicht
II – Der Heiland ist geboren
III – In Betlehem im Stall

Es war Nacht.
Auf den Feldern wachten die Hirten bei ihren Schafen.
Plötzlich wurde es hell, ganz hell.
Ein Engel war da.
Die Hirten zitterten vor Angst.
Da hörten sie die Stimme des Gottesboten:
I

»Warum sollen wir uns nicht fürchten?« fragten sich die Hirten.
Einen Engel zu sehen, das ist doch zum Fürchten. Aber dann hörten sie wieder eine Stimme:
II

»Wer ist geboren?« ...
In ihren Köpfen ging alles durcheinander.
Sie konnten die Worte nicht begreifen.
Was hatte der Engel gesagt?
I   II

»Wer ist geboren?« fragte ein Hirte, der etwas schwerhörig war.
II

Jetzt hatten *alle* die Botschaft begriffen.
Aber ... fragten sie sich, *wo* können wir ihn denn finden?
Und der Engel sagte:
III

»Wo?«
III

»In einem Gasthof?«
III

»Nicht in Jerusalem?«
III

»Wenn das so ist«, dachten die Hirten,
dann suchen wir ihn.
Sie gingen los.
Unterwegs erinnerten sie sich immer wieder an das, was die Engel gesagt hatten. An jedes Wort.
I   II   III

Und sie fanden den Stall und das Kind und beteten es an und waren die glücklichsten Menschen auf der Welt.
Sie kehrten heim unter dem Sternenhimmel
und riefen die Botschaft des Engels allen Leuten zu.
I   II   III

Auch uns gilt diese Botschaft!
I   II   III

Wir sollen sie in unseren Herzen hören!
I   II   III

Ganz laut:
I   II   III

Und nie sollen wir sie vergessen!

Christl Evenari

Wir haben einen Stern gesehen

EUCHARISTIEFEIER

Hier der Vorschlag, vielleicht einmal statt eines Adventgottesdienstes in der Weihnachtszeit eine Messe mit den Frauen zu gestalten, vielleicht am 6. Januar, am Fest der Erscheinung des Herrn?

Zur Vorbereitung

Eine große Sternschablone aus fester Pappe an einem Stock befestigen, die am Altar aufgestellt wird. Viele Sterne aus Goldfolie ausschneiden (Rückseite mit Fotoecken bekleben). Beim Betreten der Kirche erhält jede/jeder einen solchen goldenen Stern.

Lied

»Singen wir mit Fröhlichkeit« (GL 135,1–2)

Kyrieruf

Das Erheben unserer Stimme und das Bitten um Gottes Erbarmen wollen wir leibhaft ausdrücken: Wir öffnen unsere Hände wie Schalen und erheben sie. Wir breiten unsere Arme aus und senken sie.

Herr Jesus Christus, die Weisen aus dem Morgenland haben sich auf ihrem Weg von deinem Stern leiten lassen.
Herr, erbarme dich.

Herr Jesus Christus, durch deinen Stern haben die Weisen zum Ziel gefunden.
Herr, erbarme dich.

Herr Jesus Christus, dein Stern, dein Licht will auch unseren Lebensweg hell machen.
Herr, erbarme dich.

■ **Lied zum Gloria**

»Engel auf den Feldern singen«

■ **Lesung**

Jes 60,1–6

■ **Zwischengesang**

»Freu dich Erd und Sternenzelt«

■ **Evangelium**

Mt 2,1–12

■ **Meditation**

Wir haben einen Stern gesehen, sagen die Weisen aus dem Osten.

Sie haben dem Stern geglaubt, sie sind dem Stern gefolgt und haben ihr Ziel gefunden. In ihrem Leben war ein Stern aufgegangen – wir können sagen: die Weisen hatten eine Sternstunde, eine Sternstunde ihres Glaubens. Sie alle haben soeben einen Stern bekommen. Wir möchten Sie jetzt einladen, *Ihren* Stern in die Hand zu nehmen und in Stille darüber nachzudenken, für welche »Sternstunde« *Ihres* Lebens, *Ihres* Glaubens dieser Stern Symbol ist.

Vielleicht: eine Begegnung, ein Gespräch mit einem Menschen, der Ihnen besonders wertvoll ist.

Das Gefühl des Glücks, nach anstrengendem Aufstieg den Gipfel des Berges erreicht zu haben, ein Sonnenuntergang am Meer.

Stunden, die entscheidende Ereignisse in unserem Leben waren, Heirat – Geburt eines Kindes.

Das Geschenk, ein Enkelkind zum ersten Mal im Arm zu halten.

Vielleicht ein Gottesdienst, der besonders tief angesprochen hat – ein gelungenes Fest mit lieben Menschen.

Ein gutes Gespräch mit den erwachsenen Kindern.

Nach Streit und Versöhnung wieder Frieden zu spüren.
Es gibt viele Sternstunden in unserem Leben –
und jede Sternstunde ist ein Hinweis auf den, der unser Leben hell und sinnvoll macht, der uns Ziel ist.
Sternstunden Ihres Lebens, Ihres Glaubens, der Stern in Ihrer Hand ist ein Symbol dafür.
Denken wir in einer kurzen Stille darüber nach, lassen wir die Sternstunde in uns neu aufleuchten –
dann heften wir alle unseren Stern an den großen Stern.

Instrumentalmusik

Fürbitten

Aus unseren vielen kleinen Sternen ist ein großer, strahlender Stern geworden, ein Symbol für Christus, der durch jede und jeden von uns sein Licht in dieser Welt aufstrahlen läßt. Zu ihm rufen wir:

– Für alle Menschen, die dich suchen: daß sie in deinem Licht das Ziel ihres Weges finden.

– Für die Kirche, die deine Liebe verkündet: daß die Menschen in ihr Heimat finden und dein Licht.

– Für uns selbst: daß wir uns in allen Fragen und Schwierigkeiten des Lebens an deinem Licht orientieren.

– Für unsere Verstorbenen: daß sie in deinem Licht ein Leben in Fülle finden.

Darum bitten wir dich, du Licht der Welt. Amen.

Nach der Kommunion

Stern von Betlehem

Es sind viele Sterne,
die sich als Stars für wichtig halten.

Es sind viele Sterne,
die Menschen einander vom Himmel holen wollen.
Es sind viele Sterne,
die uns zeit unseres Lebens begegnen.
»Ein Stern geht in Jakob auf,
ein Zepter erhebt sich in Israel.« *(Num 24,17)*
Ein Stern
geht über der Krippe auf.
Ein Stern
ist Wegweiser zum Kind.
Ein Stern
ist Hinweis auf den Star –
damals und heute
in Betlehem und anderswo.
»Als die Sterndeuter den Stern sahen,
wurden sie von großer Freude erfüllt.« *(Mt 2,10)*
Daß jeder Stern unseres Lebens Hinweis sei
auf den Stern von Betlehem,
auf den einen Star für uns,
das ist unser Weihnachtswunsch –
an jedem Tag unseres Lebens.

(Marie-Luise Langwald)

Lied

»Stern über Bethlehem« (s. S. 74)

Eine Agapefeier nach der hl. Messe mit Wein und selbstgebackenem Brot, bei der wir uns um unseren Stern einfinden und an Tischen in kleinen Gruppen von unseren Sternstunden erzählen, könnte die Gedanken des Gottesdienstes noch einmal »zur Sprache« bringen.

Christel Bünk

Sich versöhnen – zu Schwestern werden

ANSPIEL

Kleiner Perserteppich, darauf ein eleganter Stuhl mit Blumenvase. Eine Frau sitzt auf dem Stuhl. Freundinnen mit dunklen Masken, Freundinnen mit hellen Masken.

- **Lied**

»Stark und schwach« (kfd-Liederbuch, Nr. 47)

- **Anspiel**

Frau: Hier sitze ich in meinem Zimmer. Eigentlich habe ich's recht hübsch hier. Viele sagen, es ginge mir gut, ich könnte mich nicht beklagen. Meine Kleider sind neu und zeigen mich von meiner besten Seite. Und doch, diese Kammer ist mir eng, und die Welt da draußen macht mir Angst. Unter meinen Kleidern fühle ich mich nicht wohl in meiner Haut.

Besuch der Gäste. Die Freundinnen mit der dunklen Maske.

1. Gast: Nichts als Klagen hören wir von dir. Schau, wie dich das Leben verwöhnt hat. Komm raus aus deiner Stube, und sieh dir die an, die wirklich Unglück haben. Deine kleinen Unpäßlichkeiten sind doch nichts vor dem Elend dieser Welt.

2. Gast: Nimm dich nicht so wichtig, wer bist du schon?

3. Gast: Geh' in dich, vergiß den Trubel da draußen und die, die ihn verursachen. Such' die Ruhe in dir selbst.

4. Gast: Sei nicht so still!

5. Gast: Sei nicht so laut!

6. Gast:	Kümmere dich, lauf!
7. Gast:	Deine Hektik macht mich krank!
8. Gast:	Übernimm Verantwortung!
9. Gast:	Misch dich nicht ein!
10. Gast:	Schuldig hast du dich gemacht!
11. Gast:	Schuld haben nur die anderen.
Frau:	Eure Vorwürfe habe ich gehört. Sie haben mich verwirrt und tun mir weh. Nun frage ich euch: Warum hört ihr mir nicht zu? Warum fragt ihr nicht nach meiner Trauer, warum teilt ihr nicht meine Freuden? Wo ist euer Mitgefühl? Eure Ohren sind verschlossen und eure Augen sehen nur, was sie wollen. Eure Ratschläge sind euch wichtiger als mein Befinden. Eure Schuldsprüche machen mich noch befangener, als ich schon war. Warum haltet ihr nicht zu mir?

Die Freundinnen mit den hellen Masken.

Alle:	Auch wir sind deine Freundinnen.
1. Gast:	Komm, ich hab' Zeit für dich! *(mit Stuhl)*
2. Gast:	Komm mit zu meinem Fest!
3. Gast:	Ich teile mit dir meine Mahlzeit!
4. Gast:	Ich teile mit dir meine Sorgen!
5. Gast:	Mach mit bei meiner Arbeit, du bist mir's wert!
6. Gast:	*Du* bist mir wert!
Frau:	Zusammen sind wir einander wert, ich danke euch.

Brigitte Rembold

LIEDER

Man sagt, der Ort heißt Betlehem

T: Arnim Juhre
M: Choral Brother Ogo

2. Man sagt, sein Name heißt "Gott hilft", man sagt, er hat ihn wahr gemacht trotz Priester und trotz Gouverneur, trotz Schauprozeß und Kreuzverhör: an allen, die verzweifelt sind, an allen, die im Elend sind.
Die Angst, die Angst vergeht...

aus: In dieser Nacht (BE 808)
© by Gustav Bosse Verlag, Kassel

Geht in die Nacht

T: Eckart Bücken
M: Holger Clausen

2. Geht in die Welt und singt euer Lied, die Stimmen sind laut, und ein jeder singt mit. Leben reift besser mit diesem Klang, denn gute Worte besiegen den Zwang.

3. Geht in den Tag und findet das Licht, die Hoffnung ist da, doch man sieht sie oft nicht. Leben blüht auf, denn im Sonnenschein kann unsre Liebe ein Neuanfang sein.

aus: Fällt ein Stein aus der Bahn, 1984
alle Rechte im tvd-Verlag Düsseldorf

Menschen warten auf den Herrn

T und M: Kurt Rommel

1. Menschen warten auf den Herrn. Einst kam er in der Armut. Wo Menschen heute arm sind, da ist Gott.
2. Menschen warten auf den Herrn. Einst kam er, um zu helfen. Wo Menschen heute lieben, da ist Gott.
3. Menschen warten auf den Herrn. Einst kam er, zu verzeihen. Wo Menschen heut vergeben, da ist Gott.
4. Menschen warten auf den Herrn. Einst kam er, um zu leiden. Wo Menschen heute leiden, da ist Gott.
5. Menschen warten auf den Herrn. Einst kam er, um zu sterben. Wo Tod ist, da ist Leben, da ist Gott.

© Strube Verlag, München-Berlin

Wechselnde Pfade

© Chr. Kaiser / Gütersloher Verlagshaus, Gütersloh

Lieder 73

Der Weg nach Bethlehem

T: Rudolf Otto Wiemer
M: Gerd Watkinson

2. Der Weg, der geht durch enge Gassen, wo einer einsam und verlassen -
der Weg nach Bethlehem.
3. Der Weg geht über viele Stufen, wo einer ist, der uns gerufen -
der Weg nach Bethlehem.
4. Der Weg geht, wo der Stern will funkeln für alle, die da sind im Dunkeln -
der Weg nach Bethlehem.
5. Der Weg, der geht durch niedre Türen, er will zur Krippe uns hinführen -
der Weg nach Bethlehem.
6. Und leuchten aberhundert Kerzen - der Weg, der geht durch unsre Herzen,
der Weg nach Bethlehem.

© Christophorus-Verlag, Freiburg / Br.

Hör' unser Rufen

Kanon zu 3 Stimmen

T: Michael Dittrich
M: aus England

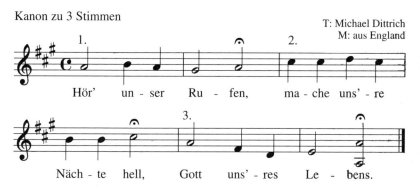

Stern über Bethlehem

T und M: Alfred Hans Zoller

1. Stern über Bethlehem, zeig uns den Weg, führ uns zur Krippe hin, zeig, wo sie steht, leuchte du uns voran, bis wir dort sind, Stern über Bethlehem, führ uns zum Kind!

2. Stern über Bethlehem, nun bleibst du stehn / und läßt uns alle das Wunder hier sehn, / das da geschehen, was niemand gedacht, / Stern über Bethlehem, in dieser Nacht.

3. Stern über Bethlehem, wir sind am Ziel, / denn dieser arme Stall birgt doch so viel. / Du hast uns hergeführt, wir danken dir, / Stern über Bethlehem, wir bleiben hier!

4. Stern über Bethlehem, kehrn wir zurück, / steht noch dein heller Schein in unserm Blick, / und was uns froh gemacht, teilen wir aus, / Stern über Bethlehem, schein auch zu Haus.

aus: Neue Geistliche Lieder (BE 285)
© by Gustav Bosse Verlag, Kassel

STICHWORT LITURGIE

In diesem Abschnitt des Buches stehen Beiträge, die dem tieferen Verstehen liturgischer Feiern dienen. Viele Mitarbeiterinnen in einem Liturgiekreis, vor allem, wenn sie die Aufgabe neu übernommen haben, fragen nach den Zeichen, nach dem Aufbau und den Elementen eines Gottesdienstes, oder sie wollen wissen, warum es beispielsweise ein Predigtverbot für Laien gibt.

Informationen, Erklärungen und Anregungen enthält dieser Teil des Buches durchgängig.

Rorate-Gottesdienste – Hintergründe einer liturgischen Tradition und Chancen für heutige Gestaltungsformen

Unter dem Titel »Rorate-Gottesdienst« verbirgt sich heute eine Vielfalt unterschiedlicher Gottesdienstfeiern im Advent, angefangen von der traditionellen Eucharistie bis hin zu freien, meist durch Meditation und Musik geprägten Formen. Stets spielt dabei die Lichtsymbolik eine Rolle. Für viele stellen sich freundliche Assoziationen an behagliche Adventsstunden ein bei Kerzenlicht und weihnachtlichem Gebäck. Allzu leicht könnte man das ganze Phänomen postmodern unter die zahlreichen irrational gesteuerten Bräuche um die Jahreswende subsumieren. Dies wäre aber eine verpaßte Chance. Tatsächlich bietet die Tradition der Rorate-Gottesdienste einen interessanten Anknüpfungspunkt, um Tradition und Gegenwart, Feier und Alltag, Liturgie und Leben miteinander zu verschränken. Dazu muß zunächst einiges über Herkunft und Bedeutung gesagt werden.

Rorate: »Tauet ihr Himmel von oben«

Das Wort Rorate ist das erste Wort des Einzugsgesangs (Introitus) einer Messe. Wir kennen dies noch von den Sonntagen Gaudete (3. Adventssonntag) und Laetare (4. Fastensonntag). Das Wort Rorate bedeutet »tauet« und stammt aus Jes 45,8: »Tauet, ihr Himmel, von oben! Ihr Wolken, regnet all herab den Gerechten! Tu dich auf, o Erde, und sprosse den Heiland hervor!« Die Liturgie hat, wie so oft bei solchen Gesängen, den Text freilich für ihre Belange angepaßt. Der vierte Adventssonntag kennt denselben Eröffnungsgesang, hier mit einem anderen Psalmvers verbunden. Die Rorate-Messe, wie sie in der Volksfrömmigkeit Geschichte gemacht hat, war eine sogenannte Votivmesse, die an den Wochentagen vor Weihnachten gefeiert wurde. In der Liturgie vor dem Zweiten Vatikanischen Konzil hatten die meisten Wochentage keine eigenen Meßformulare, so daß man entweder das Formular des Sonntags wiederholte oder eben eine Votivmesse feierte. Für die Zeit der unmittelbaren Vorbereitung auf das Weihnachtsfest gab man den Messen eine marianische Prägung. Dies galt insbesondere für den Samstag, der schon seit langem einen besonderen marianischen Akzent hatte. In der Adventszeit war diese Marienfeier am Samstag dadurch besonders ausgezeichnet, daß die Farbe des Meßgewandes statt des dunklen Violett das strahlende Weiß aufwies. Außerdem wurde, anders als sonst in dieser Zeit, am Samstag das Gloria gesungen.

Dieser besondere festliche Akzent mag mit dazu beigetragen haben, daß diese Meßfeiern sehr beliebt waren. Durch den Einsatz am frühen Morgen spielte die Lichtsymbolik von selbst dabei eine große Rolle. Aus vorreformatorischer Zeit berichtet der Danziger Dominikaner Grunau über die Rorate-Messen: »Die Preußen waren Mariendiener. Sie sungen aus Andacht im Advent ihr zu Lobe um fünf Uhr das Rorate – das ist eine Messe, so genannt – mit Orgeln, löblichen Sequenzen, Prosen, Antiphonen und ward gesungen von den Bürgern, die es gelernt hatten. Eine Stunde lang und bedeucht ihnen: Wer bei dieser Messe nicht war, der war den ganzen Tag nicht fröhlich« (L. A. Veit, Volksfrommes Brauchtum und Kirche im deutschen Mittelalter. Ein Durchblick, Freiburg 1936, 165).

Im Barock kamen weitere Elemente der Volkskultur in den Gottesdienst hinein: »War bereits der Eingang des Kirchenjahres mit dem Advent im Mittelalter schon durch die volksbeliebten feierlichen Rorate-Ämter mit ihren feinsinnigen Eigenbräuchen tief ins Volksbewußtsein hineingewachsen, so hat der Barock vielfach dem Verlangen der Zeit Rechnung getragen und die Verkündigung der Menschwerdung des Herrn in den sogenannten Engelmessen des Advents durch lebende Personen szenisch dargestellt« (L. A. Veit/ L. Lehnhart, Kirche und Volksfrömmigkeit im Zeitalter des Barock, Freiburg 1956, 144).

Der Beliebtheit der Rorate-Messen im Barock hat offenbar auch der Einschnitt der Aufklärung keinen Abbruch getan. Selbst die »Zweite Aufklärung« der 60er Jahre unseres Jahrhunderts haben die Rorate-Messen überlebt, wie neuere Untersuchungen zeigen:

»69,2% der Wiener katholischen Pfarren feiern die frühe Messe im Advent. Sie beginnt meist um sechs Uhr, anschließend lädt der Pfarrer zum Frühstück ein« (H. M. Wolff, Das Brauchbuch. Alte Bräuche, neue Bräuche, Anti-Bräuche, Wien 1992, 243).

Der geistliche Anspruch

Um dem geistlichen Anspruch der Rorate-Messe gerecht zu werden, ist es angemessen, einen Blick auf die Texte der Liturgie zu werfen. Der erwähnte Einzugsgesang verwendet das Bild des Jesaja vom Tau, der in südlichen regenarmen Ländern die lebensnotwendige Feuchtigkeit schenkt. Im Jesaja-Buch ist der Text ein Gebet, das in das Orakel der Königs-Inthronisation des Kyros eingefügt ist. Zunächst ist hier die Befreiung und die Gerechtigkeit, die Kyros bringen wird, gemeint, die aber letztlich Schöpfung Gottes sind. Die Kirche erkennt in diesem Orakel einen Hinweis auf den kommenden Christus. In dieser Verwendung übernimmt die Liturgie den Vers und kombiniert ihn mit Psalm 85: »Einst hast du, Herr, dein Land begnadet und Jakobs Unglück gewendet, hast deinem Volk die Schuld vergeben, all seine Sünden zugedeckt, hast zurückgezogen deinen ganzen Grimm und deinen glühenden Zorn gedämpft. Gott, unser Retter, richte uns wieder auf, laß von deinem Unmut gegen uns ab! Willst du uns ewig zürnen, soll dein Zorn dauern von Geschlecht zu Geschlecht? Willst du uns nicht wieder beleben, so daß dein Volk sich an dir freuen kann? Erweise uns, Herr, deine Huld und gewähre uns dein Heil! Ich will hören, was Gott redet: Frieden verkündet der Herr seinem Volk und seinen Frommen, den Menschen mit redlichem Herzen. Sein Heil ist denen nahe, die ihn fürchten. Seine Herrlichkeit wohne in unserem Land. Es begegnen einander Huld und Treue; Gerechtigkeit und Friede küssen sich. Treue sproßt aus der Erde hervor; Gerechtigkeit blickt vom Himmel hernieder. Auch spendet der Herr dann Segen, und unser Land gibt seinen Ertrag. Gerechtigkeit geht vor ihm her, und Heil folgt der Spur seiner Schritte.« Der Psalm, hier in seiner Gänze zitiert, macht die Gleichzeitigkeit von Verheißung und Erfüllung deutlich. Die Kirche, die im Advent steht, ist sich bewußt, daß mit der ersten Ankunft des Herrn noch nicht alles erfüllt ist.

Das Tagesgebet der Rorate-Messe nimmt auf die Verkündigung Jesu durch den Engel Bezug. In der Meßfeier bis zum Zweiten Vatikanischen Konzil war daraufhin eine Lesung aus Jes 7,10–15 vorgeschrieben, das Zeichen des Ahas: »Seht, die Jungfrau wird ein Kind empfangen, sie wird einen Sohn gebären, und sie wird ihm den Namen Immanuel (Gott mit uns) geben.« Der Gesang nach der Lesung (Graduale) ist aus dem klassischen Adventspsalm, Psalm 24, entnommen: »Ihr Tore, hebt euch nach oben, hebt euch, ihr uralten Pforten; denn es kommt der König der Herrlichkeit.« Das Evangelium ist folgerichtig das von der Verkündigung Jesu in Nazaret (Lk 1,26–38). Gaben- und Schlußgebet des Meßformulars vor dem Zweiten Vatikanischen Konzil schlagen die Brücke vom Weihnachts- zum Ostergeheimnis. Im Schlußgebet, jetzt als Tagesgebet zum vierten Adventssonntag verwendet, bittet die Kirche: »Gieße deine Gnade in unsere Herzen ein. Durch die Botschaft des Engels haben wir die Menschwerdung Christi, deines Sohnes, erkannt. Führe uns durch sein Leiden und Kreuz zur Herrlichkeit der Auferstehung.« Die heutigen Texte bieten einen größeren Variantenreichtum, da eine Vielzahl von Texten zur Auswahl steht.

Wie bereits angedeutet, kommt in der Rorate-Messe, vor allem im Eröffnungsgesang, der doppelte Charakter der Adventszeit zum Tragen. Es ist nicht so, daß die Kirche, ihres Heils gewiß, das sehnsuchtsvolle Warten auf den Erlöser gleichsam augenzwinkernd nur spielt. Die »Grundordnung des Kirchenjahres und des neuen römischen Generalkalenders«, ein Dokument, das der Reform des Zweiten Vatikanischen Konzils zugrunde liegt, sagt über den Advent aus: »Die Adventszeit hat einen doppelten Charakter: sie ist einerseits Vorbereitungszeit auf die weihnachtlichen Hochfeste mit ihrem Gedächtnis des ersten Kommens des Gottessohnes zu den Menschen. Andererseits lenkt die Adventszeit zugleich durch dieses Gedenken die Herzen hin zur Erwartung der zweiten Ankunft Christi am Ende der Zeiten. Unter beiden Gesichtspunkten ist die Adventszeit eine Zeit hingebender und freudiger Erwartung.« (Nr. 39)

Vielfältige Arten von Rorate-Gottesdiensten

Die Liturgiereform hat der Adventszeit den Bußcharakter genommen, weswegen die Ausnahmesituation der freudig gestimmten Rorate-Messe nicht mehr gegeben ist. Dadurch bleibt der Ernst, wie er in der nun durchgehend violetten Farbe der Gewänder zum Ausdruck kommt, bestehen. Wenn wir die Gesänge im Gotteslob zu dieser Zeit eingehend betrachten, wird uns dies schnell deutlich. Das Motiv des Taus wird z. B. aufgegriffen in einem neuen Lied von Johannes Schlick auf einer alten Melodie: »Tauet, Himmel, aus den Höhen, tauet den Gerechten; was verdorrt ist, blühe auf unter seinem Segen« (GL 104). Der ernste Charakter, wie er in vielen Motiven dieser Zeit deutlich wird, z. B. in dem wohl bekanntesten Lied »Wachet auf« (GL 110), ist heute durch den vorherrschenden Weihnachtstrubel weitgehend untergegangen. Dies gilt nicht nur für die biblischen Aussagen, sondern auch für das rechte Verständnis der Symbolik. Die Lichtsymbolik der Rorate-Messe hat ja etwas zu tun mit den Lampen, die die »klugen Jungfrauen« gefüllt haben im Unterschied zu den »törichten Jungfrauen«. Die Unfähigkeit zu feiern in unserer Gesellschaft hängt weitgehend damit zusammen, daß wir nicht mehr in der Lage sind, auszuhalten und abzuwarten. Dabei ist bekanntlich die Vorfreude mit das schönste an der Feier selbst, die ja von begrenzter Dauer ist. Christliche Existenz ist aber von Haus aus eine Existenz in Erwartung. Daß diese Erwartung nicht ins Leere geht, sondern verbürgte Verheißung ist, das begründet den freudigen Charakter dieser Zeit und rechtfertigt eben auch das schöne und sicherlich zu pflegende Adventsbrauchtum. Der in den Dokumenten erwähnte Doppelcharakter der Adventszeit aber läßt diese Zeit wie keine andere in ihrer Gegensätzlichkeit erscheinen und macht diese Gegensätzlichkeit selber zur Gestaltungsaufgabe. Wie können wir einerseits das Gedächtnis des Herrn begehen, zumal wenn wir Eucharistie feiern, uns andererseits aber auf den

Herrn als den erst kommenden ausrichten? Advent ist eine Einübung in die Haltung der Offenheit, wie sie in einer übersättigten Gesellschaft besonders nottut. Der Ruf »Ihr Himmel tauet den Gerechten« ist gerade in unserer Zeit hochaktuell, die wir Ungerechtigkeit nicht nur weltweit, sondern oft genug auch im eigenen Umkreis erleben. Er könnte, z. B. in der klassischen Version (GL 120, 3/4) zu einer Art Erkennungsruf der Christinnen und Christen heute werden.

Für die gegenwärtige Situation bietet sich die Chance, vielfältige Arten von Rorate-Gottesdiensten zu erproben und zu pflegen. Am frühen Morgen kann es der Morgengottesdienst einer »Frühschicht« sein, wobei sich hier neben der Eucharistiefeier Formen des Stundengebets oder des Wortgottesdienstes bzw. des Meditationsgottesdienstes anbieten. Eine Konzentration auf die sinnlichen Elemente des Lichtes, des Klanges und – als Taufgedächtnis – des Wassers scheint besonders angebracht zu sein. Aber auch am Abend bieten sich vielfältige Formen an. Bei der abendlichen Lichtfeier, dem Luzernarium, kann der Weihrauch als zusätzliche sinnliche Komponente hinzutreten. In den Tagen vor Weihnachten kann die Betrachtung der O-Antiphonen (vgl. die Liedfassung GL 112) mit ihren zahlreichen Bildern Inhalt einer Meditation sein. Schließlich sei auch auf eines der wenig beachteten, textlich und musikalisch aber hochwertigen Lieder hingewiesen, das die Mitte eines meditativen Gottesdienstes bilden könnte: »Die Nacht ist vorgedrungen« (GL 111). Der Text von Jochen Klepper stammt aus dem Jahr 1938 und wurde von Johannes Pätzold ein Jahr später vertont. Der Dichter schreibt das Lied aus leidvoller Erfahrung. Mit einer Jüdin verheiratet, erlebt er die Nazizeit in ihrer ganzen Grausamkeit. Vor dem Abtransport seiner Frau in das Vernichtungslager wählen sie den Freitod.

Das Lied atmet etwas von dem Ernst der Stunde. Dennoch ist es ein Hoffnungslied: »Die Nacht ist vorgedrungen, der Tag ist nicht mehr fern.« Die Botschaft von Weihnachten ist ein Hoffnungszeichen, auch in der Todesnacht. Dabei ist sich der Dichter bewußt, daß »noch manche Nacht wird fallen auf Menschenleid und

-schuld«. Doch ist jede nur denkbare Nacht – gemeint ist die Sinnlosigkeit des Daseins – überwunden dadurch, daß Gott selbst in diese Nacht eingegangen ist: »Gott will im Dunkel wohnen und hat es doch erhellt.« So greift dieses Lied, ohne die schreckensvolle Gegenwart zu verleugnen, auf eine hoffnungsvollere Zukunft aus: »Wer hier dem Sohn vertraute, kommt dort aus dem Gericht.« Damit trifft der Ton dieses Liedes genau das, was die Kirche in ihrer Adventstradition zum Ausdruck bringen will. Es geht darum, sich in dieser Welt nicht *ein*zurichten in konsumorientierter Selbstgenügsamkeit, sondern es geht darum, sich in ihr *aus*zurichten. Diese Ausrichtung auf das Kommende ist freilich keine Verleugnung des Diesseits, da nach dem christlichen Glauben Gott selbst unter uns Wohnung genommen hat. Es bleibt aber die Spanne zwischen dem Schon der ersten Ankunft und dem Noch nicht der zweiten Ankunft Christi bestehen.

So gesehen dürfen wir die mit den Rorate-Gottesdiensten verbundene Lichtsymbolik, dürfen wir insgesamt den Gedanken der Beheimatung in stimmungsvollen liturgischen Feiern bejahen. Aber wir müssen uns darauf einlassen, daß gläubige Existenz durch Weihnachten eine neue Dimension erhalten hat. Weihnachten ist ohne Karfreitag und Ostern nicht zu denken. Erst von Ostern her erklärt sich die Aussage des Weihnachtsevangeliums vom Tage: »Das Licht leuchtet in der Finsternis, und die Finsternis hat es nicht erfaßt.« (Joh 1,5) Die Gerechtigkeit, die wir vom Himmel herabtauen lassen möchten, und der Friede, den die Engel auf den Feldern Betlehems verkünden, sind, menschlich betrachtet, Utopie. Kein von Menschen errichtetes Gesellschaftssystem wird dies je vollkommen verwirklichen können. Dennoch haben wir Grund, diesen Visionen zu vertrauen. Der Ort, an dem dies wahr wird, ist Person: Jesus Christus, der Sohn Marias. Der Advent mit seinen vielfältigen Angeboten, insbesondere den Möglichkeiten der Rorate-Gottesdienste, will uns diese Glaubensaussage immer wieder neu erfahrbar machen.

Albert Gerhards

KURZ VORGESTELLT

Mit der Rubrik »Kurz vorgestellt« möchten wir hinweisen auf Bücher und gegebenenfalls andere Materialien, die Anregungen geben für liturgische Gestaltung oder Themen aufarbeiten, die dem Bereich »Grundsätzliches« zuzuordnen sind.

Das Silja Walter Weihnachtsbuch

Roswitha Plancherel-Walter (Hrsg.), Das Silja Walter Weihnachtsbuch. Erzählungen, Spiele, Meditationen, Gedichte. Walter-Verlag Olten und Freiburg im Breisgau, 1989, 386 S., DM 44,–

Für die Dichterin Silja Walter, die seit 1948 als Schwester Maria Hedwig im Benediktinerinnenkloster in Fahr bei Zürich lebt, gibt es wohl kaum ein wichtigeres Thema als das Mysterium der Weihnacht. »Ohne Weihnacht«, sagt sie, »hätte kein Ostermorgen stattgefunden. Ohne Betlehem hätte es kein Golgota gegeben. Ich glaube«, fügt sie hinzu, »daß es eine Art von Weihnachts-Spiritualität gibt. Jedenfalls erfahre ich in ihr das entscheidend Christliche als Frau, Christin, Nonne und wohl auch als Schriftstellerin.«

Das Buch, das von der leiblichen Schwester Roswitha Plancherel-Walter herausgegeben worden ist, gliedert sich in sieben Kapitel – nicht chronologisch, sondern thematisch – und enthält Gedichte, Erzählungen, Meditationen, Spiele und Gottesdienste, die zu unterschiedlichen Zeiten und Anlässen geschrieben worden sind.

In den vorweihnachtlichen Gottesdiensten sind solche Texte gut verwendbar. Beispielsweise werden gewiß viele Gruppen den Gottesdienst »Advent mit Lea« gern feiern und dabei neue Aspekte adventlicher Gedanken finden. Und daß in der »Hirtenmesse« nicht nur die Hirten ihr Erstaunen über das Wunder der Geburt im Stall aussprachen, sondern auch gleich drei Marktfrauen zu Wort kommen, ist in vielen Liturgien bis heute nicht üblich. Beim Lesen wird spürbar, daß Silja Walter wohl sehr bewußt Frauen in das Erlösungsgeschehen mit hineingeholt hat. Sie spannt den Bogen des Weihnachtsgeheimnisses von der Verheißung des Messias im Paradies, über seine Geburt als Mensch in Betlehem und seinem Kommen in unsere Zeit bis zur Endzeit.

Für die Gestaltung von Gottesdiensten – ob Eucharistiefeiern, Wortgottesdienst oder Besinnungsstunden im Advent – gibt das Buch viele Anregungen.

Anneliese Knippenkötter

VERWENDETE SCHRIFTSTELLEN

Jes 9,1   *13*

Jes 42,1–3   *29*

Jes 60,1–6   *25, 63*

Mt 2,1–12   *63*

Lk 1,26–38   *33*

Lk 1,39–43   *18*

Lk 2,8–20   *39*

TEXTNACHWEIS

S. 18/19: Eleonore Beck, aus: Messbuch '92, hrsg. von Eleonore Beck, Verlag Butzon & Bercker, Kevelaer 1991, S. 24
S. 19: Barbara Cratzius, © by the author
S. 22–24: Dorothee Sölle, © Wolfgang Fietkau Verlag, Berlin
S. 26: Christine Busta, aus: Christine Busta, Die Scheune der Vögel, © Otto Müller Verlag, Salzburg 1958
S. 28: Eleonore Beck, aus: Messbuch '84, hrsg. von Eleonore Beck, Verlag Butzon & Bercker, Kevelaer 1983, S. 98
S. 35: Roland Schönfelder, © by the author
S. 36: Rose Ausländer, aus: Rose Ausländer, Ich höre das Herz des Oleanders. Gedichte 1977–1979, © S. Fischer Verlag GmbH, Frankfurt 1984
S. 37/38: Eleonore Beck, aus: Messbuch '92, hrsg. von Eleonore Beck, Verlag Butzon & Bercker, Kevelaer 1991, S. 37/38
S. 40: Wilhelm Willms, aus: Wilhelm Willms, Kevelaerer Kredo, Verlag Butzon & Bercker, Kevelaer 1976, S. 26
S. 40/41: Dietmar Schröder, aus: Wolfgang Fietkau (Hrsg.), Thema Weihnachten, Peter Hammer Verlag, Wuppertal 1965

S. 41–44: Wolfgang Poeplau, © by the author
S. 44/45: Marisa Roos, aus: Anneliese Knippenkötter (Hrsg.), Begegnung im Advent, KlensVerlag, Düsseldorf 1984, S. 123/124
S. 45/46: Arnim Juhre, © Wolfgang Fietkau Verlag, Berlin
S. 47: Lateinamerikanisches Weihnachtslied 1981, © Adveniat, Essen
S. 48: Magdalena Hoffmann-Soare (Bild), © by the author, Hedwig Beckmann (Text), © by the author
S. 49/50: Hannelie Jestädt, © by the author
S. 51/52: Silja Walter, aus: Silja Walter, Das Hymnenjahr, © 1975 by Verlags AG Die Arche, Zürich
S. 53: Arnim Juhre, aus: Arnim Juhre, Weihnachtsnachrichten, © Quell Stuttgart 1988, S. 29
S. 54: Max Bolliger, © by the author
S. 55: Marie Luise Kaschnitz, aus: Marie Luise Kaschnitz, Dein Schweigen – Meine Stimme, © 1962 Claassen Verlag, Hamburg (jetzt Hildesheim)
S. 56 Christine Busta, aus: Christine Busta, Lampe und Delphin, © Otto Müller Verlag, Salzburg
S. 58: Marie-Luise Langwald, aus: Marie-Luise Langwald, Im Land der Gnade, © Dietrich Coelde Verlag, Werl 1996
S. 60–62: Christl Evenari, aus: Arbeitsgemeinschaft für Katholische Familienbildung AKF e. V. (Hrsg.), Aus Gemeinden – für Gemeinden. Familiengottesdienste Heft 3
S. 63–66: Dieser Gottesdienst ist mit freundlicher Genehmigung entnommen aus: kfd vor Ort. Arbeitshilfe der Katholischen Frauengemeinschaft Deutschlands, Diözesanverband Essen
S. 65/66: Marie-Luise Langwald, © by the author

Nutzen Sie die Vorteile des Abonnements.
Bestellen Sie jetzt.
- Günstiger Abonnementspreis
  DM 13,–/öS 95,–/sfr 13.– pro Band
  (statt DM 14,50/öS 106,–/sfr 14.50 bei Einzelbezug)
- Sie können mit Vorschlägen dieses Periodikum mitgestalten. Ihre Anregungen sind den Herausgeberinnen willkommen.

FrauenGottesDienste
Das Periodikum für Sie.

Bestellschein

Bitte diesen Bestellschein ausschneiden, ausfüllen, in Couvert stecken und an Ihre Buchhandlung oder Ihren Verlag absenden.

Schwabenverlag AG
Senefelderstraße 12 · 73760 Ostfildern

KlensVerlag GmbH
Prinz-Georg-Straße 44 · 40477 Düsseldorf

Nutzen Sie die Vorteile des Abonnements.
Bestellen Sie jetzt.

- Sie sind immer aktuell und »auf der Höhe« zeitgemäßer Gottesdienstgestaltung für Frauen.
- Sie bauen sich kontinuierlich eine praxisorientierte Materialsammlung auf.

FrauenGottesDienste
Das Periodikum für Sie.

☐ **Ja**, ich bestelle **FrauenGottesDienste** zum Abonnementspreis von DM 13,–/ öS 95,–/sfr 13.– pro Band, zuzüglich Versandkosten, ab Band Nr. ....
FrauenGottesDienste ist eine Reihe, in der jeweils zu einem bestimmten Thema Modelle, Materialien und Anregungen gesammelt sind.
FrauenGottesDienste erscheint halbjährlich, März und September.
Rechnungstellung erfolgt jeweils mit dem ersten Band eines Kalenderjahres.
Mein Abonnement verlängert sich automatisch um 1 Jahr, wenn ich nicht 6 Wochen vor Ende eines Kalenderjahres schriftlich kündige.

☐ Von den bereits erschienenen Bänden bestelle ich zusätzlich die Bände Nr. ....

Wenn Sie **FrauenGottesDienste** noch nicht abonniert haben, sollten Sie es jetzt tun.

Name, Vorname

Straße

PLZ, Ort

Datum   X Unterschrift

Vertrauensgarantie: Das Abonnement kann ich innerhalb einer Woche (Poststempel) schriftlich bei der Adresse widerrufen, bei der ich bestelle. Von diesem Recht habe ich Kenntnis genommen und bestätige dies mit meiner Unterschrift.

Datum   X Unterschrift